Petite philosophie
de l'élégance
au quotidien

フランス伯爵夫人に学ぶ

美しく、上質に暮らす45のルール

ドメストル美紀

Miki de Maistre

Discover

ごあいさつにかえて
L'art de vivre ～美しく生きる～

コンテス（伯爵夫人）たちと初めて出会ったのは、グレーの空にずっしりとした寒さがコートの肩にのしかかる、そんな、フランスの11月らしい肌寒い日曜日のことでした。

「Voila,《ヴォアラ》（ここだよ）」

と、夫が指さす建物を見上げると、そこは予想通り、荘厳な門構えのアパルトマン。意を決し、夫が開けてくれる重いドアの内側に一歩入ると、目の前には白と黒の大理石のタイルが格子状に並べられている回廊が続きます。歩を進めるたびに、夫の足音はしないのに、私だけ、コツン、コツンとヒールの音が響くので、慌てたことが思い出されます。昔から「ドタドタ歩かないの！」と叱られ、笑ってごまかしていた若かりしころの自分を後悔しても時すでに遅し。ここまで来たらじたばたとせず、ありのままで行こう、と覚悟を決め、夫と2人でブザーを押しました。

すると、奥から、

「Entrez《アントレ》（どうぞお入りになって）」

という、何とも威厳ある声が聞こえてきました。夫の姉だという同世代らしき女性が玄関で上着を受け取り、奥へと案内してくれました。

そして、おずおずと足を踏み入れたその瞬間、目が眩みそうになりました。

フランス語では居間のことを「サロン」と呼びますが、そこはまさに、サロンという優雅な呼び名にふさわしい空間でした。まるで美術館の一室のように広々としていて、漂う空気も香《かぐわ》しいこと！　ここに来るために倦怠感漂うメトロ12番線に揺られ、薄汚れた歩道を通ってきましたが、何と異なる世界なのでしょう。

しばし陶然とし、はたと我に帰ると、3人の女性が私の顔をじっと見つめていました。この3人の女性は、夫の母、叔母、そして姉、つまり、当書でこれから私たちに貴族のサヴォア・フェール（流儀）の手ほどきをしてくれる3人のコンテスたちです。

「コンテス」とは、〝comtesse〟と書き、「伯爵夫人」を指します。

「今の時代に爵位？」と思われるかもしれませんが、昔のような特権などは全くないものの、フランスではいまだに爵位が存続しています。フランスは階級社会ということはよく知られるところ。フランスの貴族は数が多いこともあり、上流階級の中でも特殊な「クラス」を形成しているのです。

夫が伯爵家の末裔だということは知っておりましたが、付き合っている間はそんなことを意識したことはありませんでした。それが婚約相手として挨拶に行ったあの日、コンテスという存在に初めて触れて、大きく衝撃を受けました。あの曇り空の11月の日曜日は、私がふだんの暮らし方、大げさに言えば生きる姿勢を変えたスタート地点でもあったのです。


さて、コンテス宅に話を戻しましょう。

「Asseyez-ous《アセイエヴ》（おかけになって）」

呆然と立ち尽くす私に、将来の義母となるコンテス・カトリーヌは座るように命じました。おそらく「すすめる」と書くべきなのでしょうが、あの声、トーンで言われると、命じられたように感じてしまうのは、今も変わりません。

当時の私のフランス語力は、限りなくデビュタント（初級レベル）に近く、テキストブックで習ったとおりに、

「Bonjour《ボンジュール》 Madame《マダム》, enchanté《アンシャンテ》（初めまして、お目にかかれて嬉しいです）」

と挨拶をすると、カトリーヌはべっ甲のメガネを外し、まず私の目をじっと見つめ、さらに、つま先から頭のてっぺんまで、まるでCTスキャンにかけるがごとくじっくりと診断しました。そして、ようやくひと言、

「アンシャンテ、とは言わない」

と言うのです。

「は?」

と戸惑う私に、カトリーヌは、

「あなた、フランス語を学んでいらっしゃるのでしょ? それなら、正しいフランス語を教えて差し上げるわ。『アンシャンテ』は不要。『ボンジュール、マダム』とここで止める。これが正解です」

と教授されました。

頬を赤らめ恥ずかしがる私に助けの手を伸ばすことなく、他のコンテスたちも冷たい視線で私を凝視するばかり。

その後もギクシャクと会話は続きました。習い始めのフランス語だったので、どこまでやりとりできるか心配していたのですが、コンテスたちのフランス語が正確かつ明瞭だったこと、そして、今風の言い回しなどを使わないので、自分でも驚くほど聞き取れたことを覚えています。

このような出会いから、早15年以上過ぎました。

コンテスたちの生活を間近に見て、初めのころは、自己嫌悪の日々でした。ただでさえ洗練されているフランス文化の、これまた上流階級の人たちです。装いや所作といった外面的なことはもちろん、教養、テイストといった内面的なことも、知れば知るほど、自分とは育ちが違うことを認識せざるを得ませんでした。

そしてこれは、デジャビュのようでもありました。日本でも、似たような気持ちになることがよくあったのです。良家出身の友人の手先の美しさや、自分にはないセンスの良さを感じ取ると、「ああ、敵わないな」とため息をついたり……。また、幼いころからバレエを習っていた友人の、いつもピンと背筋を伸ばしていて、その気品漂う後ろ姿を清々しく感じたり……。**一体どうしたら、美しく生きることができるのだろう。若かりしころは、そんなことを考えていたように思います。**

学生のころは、そんな羨望と憧憬が混じった気持ちから、テーブル・コーディネートを学んだり、茶道・華道にチャレンジして自分を高めようと努力もしたものでした。しかし、社会に出てしばらくすると、寝る時間を確保するのがやっとの日々となり、そんな向上心はどこへやら……。

それが夫と結婚し、週末や休日にコンテスたちの邸宅に招かれて、彼女たちがつくりだす優雅な空間でエレガントな時を過ごすうちに、遠い昔の、美しいものに憧れていた自分を思い出すようになりました。

かつては感性を高めよう、美しく暮らそう、という気持ちがあったのに、あれはどこに行ってしまったのだろう。よし、まだ遅くはない。もう一度美しい暮らしを目指してみようか、という気持ちが徐々に湧いてきたのです。

義母となったコンテス・カトリーヌのサロンの飴色になったフローリングから、絨毯、ソファー、そして家具の色の重なり方の美しさ、食卓に広げられたダマスク織りのテーブルクロスとリモージュ焼きの皿、さりげなく生けられたこぼれんばかりの花……。**コンテスたちはすべてにおいて「美しさ」に軸を置き、暮らし、生きているのです。**

コンテスたちはそれを、「Art《アール》 de《ド》 vivire《ヴィーブル》（暮らしの美学）」と呼びます。またそれは「エレガンス」とも言い換えられるかもしれません。

貴族といえど、みながエレガントかといえば、そうでもなく、実際、何千といるフランス貴族、一人ひとりの資質は千差万別です。そのような中で、コンテスたちになぜエレガンスを感じるのかといえば、それは彼女たちが受けた教養教育や育ち、これまでの生き方がもたらしたと言えるでしょう。

カトリーヌは、エレガンスとは、品格を持って生きようとする、その姿勢のことだ、と言います。内面的なことを言えば、慈愛であり、知性であり、中間的なことを言えば、暮らし方であり、表面的なところから言えば、それは装いであり、立ち居振る舞いであり……、ということです。

そう考えると、エレガンス・サン・フロンティエール（国境なきエレガンス）。また、エレガンスとは、生まれながらに身についているものでもなく、今ここから身につけていけば、それでいいのです。

カトリーヌをはじめ、上流階級に属する人たちの意識の高さや美学に驚き、また、呆れることも多々。そして時には感動し、時には腹を立て、またある日は前向きに「頑張ろう」と決意するけれど、その翌日には、「どうでもいいか」と開き直ったり、と実に紆余曲折の日々を送ってきました。恥ずかしい失敗も数知れず……。

まだまだ「気品」から遠いところにいる私なのですが、コンテスたちのおかげで、ごく普通の女性として育った私のような人間でも、少しだけ感化されつつある、そんな手応えはあります。

やがて、そんな「紆余曲折」をブログや月刊誌のコラムのために書くようになりました。書くという行為は、自ずとコンテスたちの暮らしぶりを振り返ることになります。そして、あらためて省みると、そこには、人が品格をもって生きる、要は、美しく生きるためのヒントがたくさん詰まっていることに気づかされました。

今回は、このエレガンスのエッセンスを体系化し、もっとしっかりとみなさまにお伝えしたいと思い、筆を執ることにしました。

この本では、「品よく見えるコーディネート」や「美しく見える所作」といった具体的なテクニックを紹介するより、コンテスたちの考え方や生きる姿勢に重点をおいてお伝えしていきます。遠回りのようですが、そこを理解すれば、服装も、所作も、そして生き方も、自ずと美しくなっていく……コンテスたちを見ていると、そう確信するのです。

実際に私が、3人のコンテスたちから厳しくもやさしく教わったように、本書でもこの3人に登場してもらっています。

伯爵家の伝統を守り、エレガンスを体現しながら暮らすコンテスたちの「美しい暮らし」への手ほどき、いざ気を引き締めて——

Allez《アレ》, on《オン》 commence《コンモンス》!（さあ、参りましょうか！）

― この本に登場するコンテス（伯爵夫人）たち ―

コンテス
カトリーヌ *Catherine*

パリで最もシックなカルティエ（地区）とされる7区に住む。生粋の貴族育ち。伝統と格式を重んじ、エレガンス道を突き進むコンテス。著者の姑にあたる。

コンテス
エステル *Estelle*

カトリーヌの実妹、著者の義理の叔母にあたる。某伯爵と結婚するも、数年で離婚。以来、花の独身貴族ライフを謳歌している。おしゃれ感度高し。

マドモアゼル
シャルロット *Charlotte*

アンクレールの長女、著者にとっては義理の姪にあたる。現在、名門私立高に通うリセエンヌ。

著者
美紀 *Miki*

東京の片隅にてサラリーマン家庭に育つ。大学院で知り合ったフランス旧家出身の男性と結婚。男児2人の母。現在は仕事・育児・家事に走り回る毎日を過ごす。

コンテス
アンクレール *Anne-Claire*

カトリーヌの長女、著者の義姉にあたる。ラリー（P76参照）で知り合った伯爵家の御曹司と結婚し、子ども4人を育てながらフルタイムで働くスーパーウーマン。優等生タイプ。

フランス伯爵夫人に学ぶ
美しく、上質に暮らす 45のルール

Contenu

CHAPITRE 1

L'élégance vestimentaire

美しく、上質な装いのルール

CHAPITRE 2

La belle demeure

美しく住まうルール

CHAPITRE 3

A la table de la comtesse

美しい食卓のルール

CHAPITRE 4

L'âme et l'esprit

毎日を上質に過ごすためのルール

CHAPITRE 1

L'élégance vestimentaire

美しく、上質な装いのルール

C'est
la Comtesse
quie parle

Entrez《アントレ》, entrez, さあさあ、どうぞお入りになって。

Bonjour! Chez《シェ》 Catherine《カトリーヌ》（わたくし、カトリーヌの館）へようこそ。

最初はまず外見のエレガンス、「装い」についてお話ししましょう。

どうやら日本でもパリと同じように、街中でのファッションが迷走しているようですね。パリでも、一昔前は、「BCB《ベーセーベー》」といって、エレガンスのエスプリを感じるスタイルのマダムやマドモアゼルを見かけたものですが、昨今は、ファッションのルールなどおかまいなしの方が多くて残念に思っております。

今の装いは「私はこういう人よ、こういうものが好きなの」と、傍

若無人に自分の存在を主張している、そんな印象を受けます。

でも装いとはそういうものではありません。

少なくとも、notre mileu《ノートル・ミリュー》（＝わたくしどものクラス）では、そういう自己主張は品格に欠けること、とされています。

「どう装ったらよいのか」を考える前に、「なぜ装うのか」と自問する、そこから考えたらよろしいのにね。

さ、前置きはこのくらいにしましょうね。

この章では、わたくしの意見だけに偏らないように、娘のアンクレールや口うるさい……失礼！　妹をそんなふうに紹介してはわたくしも姉失格ですわね。あらためまして、ご意見番のエステルなど、他の「コンテス（伯爵夫人）」たちの考えも紹介しながら、美しい装いについての手ほどきを始めるとしましょう。

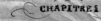

LEÇON 1

見る人の目を楽しませるために「装う」自分のためではありません！

「あなたはなぜ装うのか、そこから考えてみたらいかが？」

先ほどのコンテス（伯爵夫人）・カトリーヌからのこの問いに、即答できるでしょうか？

伯爵家に嫁いで15年ほど経つ私ですが、いまだ「装い」について、一つの答えを出すことはできていません。装う理由は、いろいろ。

一つには、寒暖の調節、という実際的な理由があります。でも、もちろんそれだけではありません。好きな色を身につけたい、という日もあります。気分に合わせて服を選ぶ日もあります。

そして、こうやって思い浮かぶままに答えを並べていくと、自分が認めたくないある事実にぶつかります。

それは、人の目が気になるということ。

日頃、自分は自分、と胸を張り、ファッションは自己表現だ、などと言いつつも、人の目にどう映るかを気にしている私がいるのです。

「情けないなぁ」と頭をかいていると、

「それで正解です」

と、義母カトリーヌがうなずきました。そして、

「ほら、『人は見かけによる』って言いますでしょ」

と続けます。

「は？」と戸惑う私に、カトリーヌは次のように言います。

残念ながら、人は見かけによるのですよ

「日本では、『人は見かけによらない』と言いますが」って？　ほほ、フランスでもそれは同じです。でも、わたくしどもの階級では、逆の概念があります。場にそぐわない奇抜な装いをして平気な人は、たとえ優秀で美しい方だとしても、エレガントな人とは呼べません。

たとえば昨今の街中のファッション。ずいぶん迷走していますでしょ？　ファッションのルールもなんにもない。

太陽が活躍する季節になると、パリジェンヌたちはこぞって肌を露出した格好で街を闊歩します。でも、わたくしの感覚からすると、あれはいただけません。ご本人たちは楽でいいのかもしれませんが、見ている側は、汗ばんだ肉体を見せつけられて、暑苦しいこと極まりないです。

あら、日本では逆に、みなさんクーラーと日焼けから身を守るために、肌を覆うのですか？　夏でもストッキング？　それはそれで清涼感がありませんね。

わたくしであれば、かんかん照りの日は、麻地のゆったりしたドレスをまとって、髪をルーズにまとめ、袖をクルクルと七分丈に巻き、そうね、細いプラチナのブレスレットでもつけるかしら。そして足元はもちろん素足にサンダル、そんな装いにするでしょう。**これであれば、周りの人の目にも、涼しげに映ると思うからです。**もちろん、風通しがよいので、わたくし自身も心地よいですしね。

冬も同様です。寒いからとムートンブーツにダウンジャケットを着込んでいるずんぐりルックの人が多いですが、それではただでさえ暗いパリの冬が、一段と寒々しい光景になります。

そうではなく、冬をポジティブに受け止められるような装いを意識していただきたい。わたくしの冬の定番は、顔映りがよい暖色の大きなストール。見るからにあたたかそうで、かつ軽やかに映るでしょう？

冬のエレガンスのポイントは、

・上下の分量に気を配ってスラーッと見えるスタイルを心がける

・アクセントになる色を持ってくる

・背筋を伸ばして軽やかに動く

こんなところかしら。


さて、人はなぜ装うのか、という問いへ戻りましょう。

それは、見る人の目を楽しませるためです。

人の目を意識するのは、社会性のある大人であれば当たり前のこと。

自分はこう装いたいけれど、周りの目を考えるとどうかしら、と熟慮する。それでこそエレガンスを知っている大人といえましょう。

ですから、エレガントな装いを目指すのであれば、その日の服装を決めるとき、最初に考えるべきことは「今日の私の気分」でも、「今日の自分の体調」でも、「今日の自分のラッキーカラー」でもありません。

考えるべきは、今日の自分の行動――どこに行くのか、誰に会うのか、目的は何か、どのような交通手段をとって、どんな道順で行くのか、といったことを綿密に思い浮かべ、そして、それぞれのシーンにおいて、自分はどのような装いをすることが周囲のためにベストか、と考えるのです。

ＴＰＯに合った装いを望むのであれば、

・時間をかけて服を選ぶこと

・想像力を持つこと

の2点が大切です。

とくに想像力を持つためには、まずその服を着た自分が、出先において歩く、座る、話す、食べるといった動作を取っている様子を想像してください。

スカートの丈、座ったときには、大丈夫でしょうか？

色の選択は、間違えてはいないかしら？

お相手と比べて、ご自分の装いに見劣りはない？

ご自分を客観的に見て、何か気づく点はありませんか？

自分だけが浮いている、何か場にそぐわないところはありませんか？

これらを十分に検討されて、それで大丈夫と思われたのなら、胸を張って、堂々と振る舞えばいいでしょう。

「自信」こそがエレガンスの必須ですからね。

時々、自分だけジャケットをはおっていて「堅過ぎたかしら」と気になるときもありますが、まだ若い方……ええ、ええ、40代のあなたもわたくしの目から見たらまだまだ若いひよっこです。不相応にドレスダウンしているがゆえに無礼ということはあるけれど、ドレスアップし過ぎは、多少格好悪くても、失礼にはあたりません。わたくしも、娘のアンクレールには、どんな装いがふさわしいかわからないときは、「ジャケットを着なさい、パンプスを履きなさい、そして、胸を張って、堂々と、自信たっぷりに振る舞いなさい」とアドバイスしています。

そんな洋服選びは堅苦しい？　楽しくない？

そうかもしれません。エレガンスへの道は厳しいのです。

でも、つらそうな顔はダメですよ。

エレガンスの決め手は、笑顔ですからね！

＊

かくもエレガンスへの道は厳しいのです！

LEÇON 2

装いは「メッセージ」
そのアイテムの「歴史」や「意味」に敏感であれ！

前項で、義母カトリーヌは、「ＴＰＯに即した装いを」と言いましたが、ここで、私のＴＰＯに関する失敗を紹介しましょう。

冬場などに重宝するロング・ブーツは、あたたかいですし、足元をスッキリ見せることができるので、私も昔から愛用していました。

あるとき、カトリーヌ邸での、気さくなホームパーティの席でのこと。私は、柿色のドレスにフェミニンなデザインのこげ茶のロング・ブーツで伺いました。

するとカトリーヌが、

「あら……素敵なブーツね」

と声をかけてきたのです。

そのとき、第六感というのでしょうか、この言葉には含みがある、とピンときました。そして、そーっと周りの方の足元をのぞき見ると、ガーン。**誰もブーツなど履いていません。**ロング・ブーツが大流行りの冬だったのに、です。

ついでに分析すると、高さに多少差はあるものの、他の人はみなヒールのある靴を履いています。

私のブーツもヒールはあるのですが、ブーツはブーツ。このときは、靴の替えもありませんから、できるだけ足元が目立たないような場所に腰かけ、頃合いを見計らって早々に退散しました。

あとで夫に聞くと、案の定、否定的な見解を述べるではないですか。

「ブーツというのは、狩猟とか、兵隊とか、そういう殺伐としたアウトドアな活動を連想するから、パーティや屋内の集いではどうかな」

とのこと。夫よ、なぜもっと前にそう教えてくれなかった？　と、脱力しましたが、そういう人だということは重々知っています。育ちがよい夫です。「そういうことを大人である私に進言するのは失礼だ」と考えたのでしょう。これが彼ら貴族階級の思考パターンなのです。思ったことははっきり言う、きつい性格の私としては、このように歯がゆい思いをすることが時折あります。

この機会に、ブーツだけでなく、気をつけるべきアイテムについて、カトリーヌに聞いてみました。

ミリタリー、毛皮、ジャージーなどは要注意！

そうねえ、ブーツと同じようにＴＰＯを考えたときに失敗しがちな例として、ミリタリールックや迷彩色も避けたほうがよいでしょう。

どちらもスタイルの一つとして浸透していますが、「戦争を彷彿させる」と気分を害する人もいますので、注意したい装いの一つです。

毛皮も動物愛護の観点から、着る前に、それがどう受け止められるか、熟考すべきアイテムね。

星付きレストランや人様のお宅で食事というときは、食べ物に毛が飛ぶことを嫌がる方もいますので、毛足が長い服やニットは控えたほうがいいでしょう。

またジャージー素材は元はスポーツ・ウエアの素材ですので、これもＴＰＯを選びますよ。

今回の「ブーツの失敗」で痛感したのは、日本人の私と、フランス人の彼らとの「洋服の着こなし」に対する感覚や知識の違いです。

たとえば、このブーツにしても、幸い戦争も、そして狩猟も経験したこともない私です。

ブーツという履き物を、ファッション・アイテムの一つとしてしか見ておらず、ブーツがどういう由縁で誕生したのか、どういうシーンで履かれていたのか、といった背景に考えが及ぶこともありませんでした。

その点、フランス人であれば、近年まで徴兵制が残っていましたし、身近な慣習として狩猟を行っているので、「ブーツといえば……」と連想したとき、「戦場」「狩猟」「血なまぐさい」などという言葉を思い浮かべる人も多く、それゆえに、インドアの社交的な集いにブーツはまずいだろう、ということが自然にわかるのです。

日本人が洋装をするようになってから1世紀以上経ち、ファッション分野において世界に誇るトップデザイナーを生み出していますが、それでも、フランスその他の洋服文化の歴史が長い国の人間と比べると、洋服に対する理解が浅いのかもしれません。

ですので、

「今日はホテルでレセプションがあるけれど、パンツスーツでもよいのかしら」

「このスーツには、このサンダルを合わせたいけれど、目上の方とお会いするのにサンダルというのは不釣り合いかしら」

というように、**エレガントな場に出るときの装いは、慎重に選び、さらに自分のチョイスを疑い、心配が残るようであれば、もうワンランク格上げした装いにしたほうが、間違いを避けられるように思います。**

そして、なんの気なしに身につけた服や靴であっても、言外に何らかのメッセージを発しているということを理解しておくことこそ、エレガンスへの近道となるのでしょう。

CHAPITRE 1

L'élégance vestimentaire　美しく、上質な装いのルール

LEÇON
3

シンプルな服を、大切に、アレンジしながら長く着回す

装い談義、ふと気がつくと、義母カトリーヌと叔母エステルのコンテス姉妹に、カトリーヌの娘であるアンクレール、そしてさらにその娘、マドモアゼル・シャルロットも加わって盛り上がっています。こうしてコンテスたちが一堂にそろっていると、なんとも華やかなこと！　外は薄暗い曇り空なのに、ここだけ照度が何ワットか上がったかのよう。

実家でお茶を楽しむというカジュアルな集まりであることから、一人ひとりの装いを見ると、割と砕けたスタイルなのに、なぜこうも華やかなのか。

シルバー世代のカトリーヌは、ベージュ色のワンピース。

エステルは、ボルドー色の大胆なボーダーのトップスが、小麦色の肌にピッタリ。

アラフォーのアンクレールは、オレンジ色のアンサンブルに焦げ茶色のボトムス。

ティーンのシャルロットは、トップスは丸首のカーディガン、ボトムスはパンツ、そして足元はスニーカー、と至ってシンプルですが、色遣いがニクくって、この3アイテムはマリンブルーで統一させ、衿元から少しピンクのTシャツを覗かせているのです。このピンクが小粋なアクセントになっていて、さすがパリジェンヌ。

それぞれの装いについて褒めると、カトリーヌは、

「このドレスが素敵ですって？　でもいつも着ているものだというのはご存じでしょう？　ふだんは黒のカーディガンをはおって、パールを首の周りで二重巻きにし、学校の先生風に着ているのですが、今日は、衿を立てて、ネックレスもゴールドのチェーンに替え、80年代のアメリカの女優風にしてみましたの。

具体的なイメージを持っているほうが、明確に再現できるし、自分が変身しているみたいで楽しいのよ」

と言います。確かに往年のジェーン・フォンダ風ではありますが、果たして誰もが「〇〇風」とイメージして服選びをすれば、「華」のあるエレガントな装いができるのでしょうか……。カトリーヌに聞いてみました。

お気に入りの一着を、丁寧に、アレンジを加えて着る

こういうシンプルなシャツ・ドレスは、小物次第で雰囲気を変えることができるので重宝しますのよ。これなんてもう10年近く着ていますから、肌に馴染んで

いますし、頼りになる、いつも側にいて欲しい「親友」みたいな服です。

日々、色々なシーンでこのシャツ・ドレスを活用しています。いつもの先生風だったり、ときには淑女風だったり、胸元のボタンを外してマダム風だったり。

長く着ているのにくたびれていない、ですって？

それは、そうですわ。汚さないように気をつけて着ていますからね。

シミが一つでも残ってしまったら、そのときはきっぱりとお別れします。

こういう「親友アイテム」は、洗濯で布を傷めないよう、むやみに洗わず、アイロンがけにも気をつけ、シワも残さないように、腰かけるときはそーっと布地を伸ばして、と丁寧に、丁寧に、ながーく着るのです。

ふだん着る服は、**多少お値段が張っても、シンプルなデザインで、自分の身体に合ったものを買うようにしています。**そうすると、自然と大切に着よう、と気をつけますしね。

同じように、わたくしがいつも身につけているカシミアのアンサンブルも、そんなアイテム。何色か持っているけれど、どれも何年にも渡って着ているわね。

え？　華がある、ですって？　まあ、お上手ね！

もしわたくしどもの装いに華やかさを感じてくださっているのであれば、それは、上質なものを着ている、その心地よさや意識が、着る人の気持ちを華やがせるから、ということではないかしら。

＊

でも、流行は、気にしないのかしら。若い姪のシャルロットに聞いてみましょう。

「そんなに意識していないわ。もし流行のスタイルが自分のスタイルと重なるのであれば、取り入れるけれど。学生のうちは、シンプル&シックがベストかな」

とモデル回答。すると、すかさず母親のアンクレールが、

「あら〜、その割には、『スニーカーはベンシモンじゃなくちゃダメ』とか、バッグも今流行のブランドがいい、とか言っているのはどこの誰かしら？」

と茶々を入れます。

「でもそれは、『流行だから』、というのもなきにしもあらずだけど、クオリティがよいからそのブランドにして、ってお願いしているのよ！」

と、シャルロットも負けません。

彼女たちに年齢の違いはありますが、ふだん着であってもなくても、シンプルであること、上質であること、これがいつも変わらず美しくあるための服選びのキーポイントなのですね。そのこだわりについて、もう少し具体的に聞いていきましょう。

LEÇON
4

使い捨てはNon, non!
コンテスがこだわる8つのアイテム

義母のカトリーヌ、叔母のエステル、義姉のアンクレールの3人のコンテス、そして未来のコンテスである姪の装いを見ていると、決してたくさんの服を持っているわけではなく、気に入りの服を工夫して着回しているということがわかります。

一つひとつのアイテムはシンプルですが、老舗メゾン製がほとんどで、色合いもシックで上質なことは一目瞭然です。

私などは、高価な服だと、汚すのが怖くてついつい出し惜しみしてしまうのですが……。すると、カトリーヌに次のように諭されました。

ふだんから上質な服を着てこそ、エレガンスが生まれる

何をおっしゃいますか!

ふだんから上質な服を着てこそ、エレガンスを実現できるのよ。

「汚してもいい」適当な安い服など持たず、いつも上質な服を着て、気をつけながら生活する。こういう日々の積み重ねによって、いざというときに、「無理のないおしゃれ」ができるようになるのです。

わたくしが上質な服と呼ぶのは、素材、色、パターン、製法のすべてが、ある一定のレベル以上のもの。

上質で、シンプルで、自分のスタイルに合う服を見つけたら、多少値が張っても買われたらよいと思います。

それに、そういう服は、何かと袖を通すことになるものですから、もったいないことはありません。

え？　ふだん使いにはユニクロ？　あまり感心しませんわね。

ふだん着もお出かけ着も、「装い」なのだから、使い分けは、ダメ！

＊

では、どのような服を選べばよいのか、日常を支えてくれる服について、三世代のコンテスたちに、そのこだわりを教えてもらうことにしましょう。

✲コンテスのこだわり①　自分にぴったりの、白いブラウス

三世代に渡るコンテスたちのお気に入りアイテムに、世代にかかわらず選ばれているのは、白いブラウスです。

姪っ子のシャルロットのものは、ブラウスではなくシャツで、若者ブランドの既製品ですが……、あれ？　男物？

「そうよ。男性物のシャツは女性物より縫製もしっかりしているし、布地も選択肢が広いから好き。私は、エジプト産のコットンがお気に入り。だって肌触りが違うもの」

若くても、着眼点はコンテス的です。私が20歳のころに、肌触りなど考えたことはあったっけ？　それに、パリッとアイロンがかかっていて、もしかして？

「防シワ加工？　まさか！　そんなだらけたものは選ばないわ。アイロン？　えへへ、少し前まではベア（家政婦さん）に任せていたけれど、最近は、自分でやるようにしてまーす。実はアイロンを丁寧にかける、ああいう時間も好き」

……若くてもとことんコンテス然としている姪っこなのです。

義姉アンクレールのブラウスは、「アニエスb」のもの。日本でもよく知られている

ブランドですが、フランスでは、アイコン的なメゾンです。
アンクレールはここのカットが身体に合うらしく、このブラウスは、何度も買い直すほどお気に入りだそう。

そして義母カトリーヌのブラウスはなんと、自ら縫ったと言います。

ここまでこだわるとはシャポー《脱帽》です。

カトリーヌは言います。

「昔はクチュリエに頼んでいたのですが、その方が数年前に引退したので、パターンを引き継いで自分で縫うようになりました。衿の高さ、肩のゆとり、胸のタックの入れ方など、年齢と共に刻々と体型が変わるから、自分で調整できてちょうどよかったわ。

白いブラウスは特別なのです。

トップス、インナーとして何かと出番も多いですし、何か決めたい日、気持ちを一新したい日など、白いブラウスに袖を通したくなりませんか。

そういうときに着るブラウスは身体によく合っていて、あなたの美しさを引き立ててくれるものであって欲しいでしょう？

昔は、娘のブラウスも私が縫っていました。クチュリエに頼む？ 子どもにそんな贅沢は不相応です！

アンクレールはご覧の通りなで肩ですので、そのカーブが美しく出るようなカットにしていました。そして、ティーンのころは、顔つきがポッチャリしていたので、首元がスッキリ見えるようなフラットカラーか、衿の台の部分を低めに裁つなど、そのとき、そのときでカットを変えて、美しく見えるように工夫したものです」

たかが白いブラウス、されど……、なのですね。ディテールを計算し尽くす姿勢に、コンテスタたちの美へのこだわりを感じます。

✿コンテスのこだわり② カシミアは常備服

白いブラウスの他に、コンテスたちのお気に入りアイテムには、プレーンなカーディガンや、丸首の半袖セーターとアンサンブルになっているもの、Vネックのセーターなどがあります。

その素材のほとんどがカシミアです。

ただし姪っ子のは、シェットランドウール（スコットランドのシェットランド諸島に生息する羊からとれるウール）。

「カシミアも随分お手頃になりましたが、学生の身分でそんな贅沢はおかしいと思うので、18まではウールで十分！

でもね……、ふふふ、あなたご存じ？ 今の時代はウール100%を見つけるほうが難しいのよ。大概が、カシミア混だったり、合繊なの。結局は、エステル叔母様がロンドンに旅行された際に、ハロッズで買ってきていただいたのよね」

とアンクレールは当時を思い出して話します。

「あたたかいし、色合いがとっても好き。コレージュ（中学）のときからだから、5年くらい着ているわ。この皮の肘アテは自分で付けたの」

とシャルロット。その割には、毛玉もなく、さすがウールの本場、スコットランド

産。高品質なのでしょう。

シャルロットのために海峡を渡ってセーターを買いに行った叔母エステルも、おしゃれ談義に加わります。

「気に入るとそればかり袖を通す、というのはわたくしもそうよ。

同じものを着ることに対する抵抗？

全くありませんわ。汚れるような着方をしていませんから清潔ですのよ。

それとも毎日着るなんて他に服がないんだと思われるかしら、ほほほ。こういうのは、自分が『貧乏くさいかな』と引け目を感じた途端、本当ににおってくるものです。

そうではなく、『わたくしのカーディガンは、スコットランド産カシミアです、上質、清潔です！』という誇りを持って身にまとうのです。

そうすれば誰も、『あの人はあれしか服がないんだ』などと思わないものですよ。

え？　最近は低価格のカシミアもある、ですって？

あなたね、こういうシンプルなアイテムこそ、少し高くてもよく知られたメゾンのものをお召しにならないと。

量産されているものは、何かが微妙に違っていて、身にまとってもフィットしない、美しくない、よって気づくとあまり袖を通すことがない、というもの。

そんな着ることが少ない便利アイテムを、何着も持っていてもしょうがないでしょう。

一方、定評あるメゾンのものであれば、いつはおっても、どう着てもピタッと決まる。質です、質！」

とエステルが言い切ると、満場一致でうなずくコンテスたち。

私が持っているお手頃価格の中国製カシミアのことは、到底言い出せるはずもないのでした……。

✿コンテスのこだわり③　ジャケットは大人の女性のためのもの

さて、お次はジャケットについて。世代によって違いが顕著なのが、ジャケットの数です。シルバー世代の義母カトリーヌと叔母エステルは、ボトムスと対になっているものを含めたら、春夏用が2〜4着、秋冬も同様に2〜4着ありますが、義姉アンクレールはその半分、学生である姪のシャルロットに至ってはゼロ。

「必要があれば、ママンのを借りるわ」

とのこと。その隣でアンクレールがあきれて目を回しながら、言います。

「もう私の服を気軽に着るから、困りものよ。

でもいいわ。ジャケットを着こなすのは意外と難しくて、シャルロットは、身体の線が細すぎるからまだ無理ね。**ジャケットは心身ともにある程度の貫禄を身につけていないと、負けてしまうアイテムだと思うの。**

痩せている方は、ソフトな素材のジャケットがおすすめね。カチッとしたものだと、身体の貧相さが強調されてしまうから。

そういう私も、何着か持っているうちで、愛着を持って袖を通すのは、このソフトなジャケットだけ。ええ、これもアニエスbのもので、かれこれ20年くらい前に母にプレゼントされたの。お年頃になって少し太ったけれど、それでも身体にフィットす

るのは、さすがアニエス」

続けてカトリーヌが、シルバー世代のジャケット観について教えてくれました。

「わたくしたちは、もう身体の線も崩れていますから、ラインがしっかりしているジャケットやスーツほど便利なものはありませんのよ。

それに、わたくしたち年寄りが公式の場所に駆り出されるのは、結婚式とお葬式。どちらも年々増えるので、スーツも少しずつ新調しておりますの。古ぼけたスーツを着るなんて、絶対に嫌。エレガントでありたいと思う気持ちは万国共通ではございませんかしら?」

✿コンテスのこだわり④　黒いワンピースは着ない

さて、パリジェンヌといえば「黒いワンピース伝説」。

コンテスたちのお気に入りワードローブにも、きっとあると思ったのですが、見当たりません。

「黒いワンピース？　持っているけれど、出番は少ないわね」

と、唯一、義姉のアンクレールは、一応持っているそう。

でも他の方たちは、興味なし、という表情です。


義母カトリーヌの考えは次の通り。

「黒いワンピース伝説？　いろいろと着回しができる？

なるほどね。でも黒装束というのは、やはりどこか特別な装いではないでしょうか。

宗教的であり、喪を意味することもある。

そういう『黒』という色を気軽に身につけるべきではないわ。

一方で、ワンピースというアイテム自体は、着こなしが難しいジャケットと異なり、老若を選びませんから、エレガンス初級者におすすめですよ。**ワンピースにアクセサリーをあしらって、パンプスを履けば、それだけでエレガントになりますからね。**

もう一つ、エレガンス度を上げたいのであれば、夏であれば同色の帽子を、冬であれば同色のコートをワンピースに合わせると、ぐっと格が上がりますよ。お試しあれ！」

同色のコートはそう簡単にはあつらえられませんが、帽子であればできそうです。

この夏は、帽子とワンピースの色を合わせて、コンテス・ルックでいくとしますか！

❋コンテスのこだわり⑤　節度ある丈のボトムス

さて、視線を下に移し、ボトムスについて。

その昔、私が米系銀行に勤務していたときに、「パンツルックは控えたほうがいい」と秘書の人に忠言されて驚いたことがありました。アメリカの意外にも保守的な一面を見たように感じたものです。

フランス上流階級でも、同じような暗黙のドレスコードがあるのでしょうか……。

すると、叔母エステルが言います。

「パンツルックが真っ向から批判されることは、もはやありませんが、目上の方と会うようなときはスカートが無難よ。

また、言わずもがなのことですが、パンツでもスカートでも身体の線が出るほどピッタリフィットのものはいただけません。大体、少しゆとりのあるスタイルのほうがスラーッと見えるものですよ」

ところでスカートといえば、フランスではシルバー世代のマダムもミニスカートをはいている姿を時折見かけますが、これはどうなのでしょう？

「ミニスカートでエレガンスを醸し出すのは難しいと思いますよ。

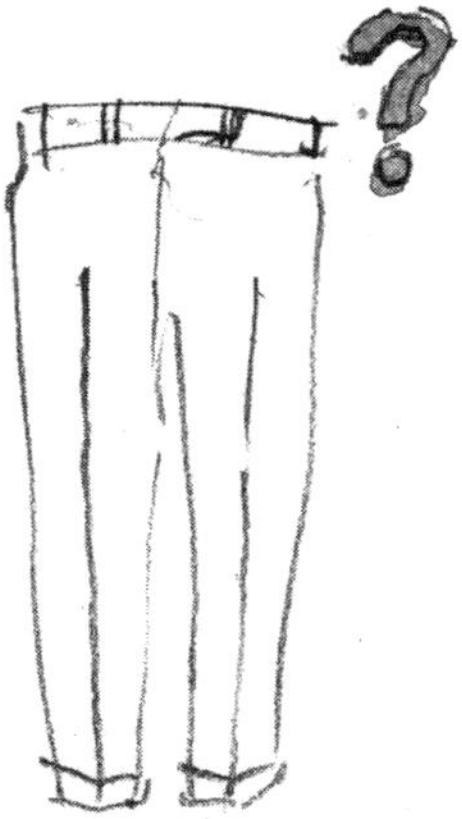

シャルロットのように若い方ならまだしも、膝というのは、残酷に年齢が露呈するものです。わたくしは膝が出る丈のスカートをはくときは、厚めのタイツで覆うようにしています」

美意識の高いエステルらしいエチケットですこと！

では、マキシ丈、くるぶしが隠れるくらいの長めのスカートやワイドパンツは？　意外と便利なので私も愛用しているのですが、フランスではあまり見ません。恐る恐る聞いてみたところ、

「日本ではマキシ丈をお召しになるの？　まあ、なんてエレガント！　わたくしがあなたの歳のころは、アフタヌーンドレスといって、マキシ丈のドレスやスー

ツを着て、リッツ（パリの一流ホテル）でお茶をいただいたものですのよ。色や分量、バランスさえ間違えなければ、素敵な貴婦人に見えますよ」

パンツ、ミニスカート、マキシ丈……それぞれ気をつけるポイントを押さえて身につけて……と心のノートに記しておきましょう。

コンテスのこだわり⑥　バッグよりも自分が主役

無類のバッグ好きの私。そういえばコンテスたちはどのようなバッグを持っているのだろう……といざ思い起こそうとしても、パッと思い浮かぶものがありません。

これはなぜ？と、意識してコンテスたちのバッグを観察してみると、ナイロン製、布製、革製のもの、ブランド物もあれば、そうなのかわからないのもある。品質はよさそうですが、目を引くものではありません。するとカトリーヌが教えてくれました。

「わたくしたちの社交の場で、ケリーバッグのような、そのメゾンのアイコン的なものを持つ人はあまりいません。たとえ持っていたとしても、バッグが装いの一部になっているので気づくことはありません。小物はあくまでも小物なのです。

バッグのような小物がその方ご自身より目立ってしまうと、かえって貧相に見えるもの。**エレガンスを目指すのであれば、バッグは、上質で地味な色、控えめな大きさにしておくほうが無難ですよ」**

そしてエステルも言います。

「日本の方が、フランスの高級ブランドのバッグを持っていらっしゃるのをよく見かけますが、一つ申し上げたいのは、身体とのバランスを考えて、ということ。

鉛筆のようにホッソリした小柄な方が、大きなケリーバッグを持っている姿を見ると、どうしてもバッグに目がいってしまいます。あなたの印象が『ほら、あのケリーバッグの方』となってしまっては残念でしょう?」

バッグだけでもよいものを持っていれば、格が上がるというか、「これで少なくとも貧乏くさくは見えないだろう」という安心感を持っていましたが、コンテスたちの目から見ると、逆効果のようです。

❀コンテスのこだわり⑦　最後は黒いパンプスを！

コンテスたちの靴は、小さくて型崩れしておらず、なんとも愛らしいこと！

一方、大足、幅広、肉厚、扁平と四重苦の足を持つ私。そのため靴はぞうりのように大きくて、見るたびに出自の違いを見せつけられたような絶望感でクラクラします。でも気持ちを切り替えて、まずは義母カトリーヌの靴論から。

「靴もバッグ同様、目立たないものをおすすめします。小物で遊ぶのは上級者の特権。自信がないのなら『無理しない』ことです。

わたくしが昔から愛用している靴を挙げると、まずシャネルのつま先が黒いバイカラーのパンプス。この靴は、つま先が広めなので歩きやすく、でも色遣いが目の錯覚を呼び、足がスーッと締まって見えるという秀逸なデザインで、多少幅広で大足の方でもエレガントに見えます。

次にモカサン（ローファー）もよく履きます。このデザインの靴は多くの作り手がいますから、色々試してみるとよいでしょう。甲の部分の深さや微妙なヒール加減で、足がキュッと小さく、膝下が長く見えたりするものです。時間をかけて探してみてください。

エレガントな足元の大前提は、手入れされた靴であること。

どんなに高級な靴であろうと、履き崩れていたり、磨きが足りなければ失格です。

そこで、お気に入りの靴、たとえばモカサンなどは、黒、焦げ茶、紺、あとは夏用に白と紺のコンビなど、色違いで持つことをおすすめします。複数色持っていれば、履きつぶすこともなく、その日の服装にピッタリ合った色を選ぶことができて、装いの完成度がグッと上がりますよ。

赤？　履きこなす自信がおありでしたらどうぞ。

ただ、道行く人の目があなたの赤い靴にいってしまうようでしたら、それは失敗。視線はあなたのお顔に向けられるべきですからね。靴で冒険というのは慎重にされることをすすめます」

うーむ、保守的なカトリーヌらしいアドバイスです。

お次は、カトリーヌよりもファッションに厳しい叔母のエステルの意見を聞きましょう。

「履きやすい靴といえば、バレリーナシューズ。

日本でも人気と聞きますが、あれは意外と難しい靴ですよ。それこそバレリーナのように長くて形のよい足を持ち、これまたバレリーナのように、膝をしっかり持ち上げてつま先から着地するという歩き方ができる、そういう人のための靴です。

また、モカサンやバレリーナシューズは、あくまでも、ふだん履きの靴だということを強調しておきます。

少しでもフォーマルな場に出るときは、たとえ痛くても、涼しい顔をしてヒールを履いてください。

ただ、いくらヒールが高くても、サンダルは控えたほうがよいでしょう。もし、そのサンダルが、デザイン的に十分エレガントだと思われるのでしたら、どうぞ。その際は、つま先はきれいにペディキュアをしてくださいね。せめてもの身だしなみです。

ミュールはたとえ高級メゾンのものでも、フォーマルな席ではタブーです。かかとを公の場で見せるなんて、コールガールかと誤解されますよ。

その他、フォーマルな場で受け入れられない靴にはブーツがありますが……、これはご存じなのね？　では説明は省きます。

エレガントな装いで靴に悩むことがあれば、黒いパンプスに戻りなさい。

つまらなくても、おしゃれ感度が低くても、少なくとも間違いではありませんから。

ヒールは最低6㎝ですよ。よろしくてね！」

パリジェンヌの定番「黒いワンピース伝説」は否定されましたが、代わりに、「黒いパンプス伝説」が誕生したようですね！

どれ、履きやすい黒いパンプスを探しに、デパートに出かけるとしますか。

コンテスのこだわり⑧　正式な場ではローブ・ド・ソワレ（ドレス）

日本で生活するのに、ローブ・ド・ソワレは関係ないという方も多いかもしれません。フランスでも、正式なソワレ（夜会、舞踏会）は頻繁には催されないのですが、それでも「ラリー」という、いわゆる舞踏会の伝統は引き継がれています。このラリーについては後述するとして、ソワレの様子について、義母カトリーヌに説明してもらいましょう。

「ラリーのソワレというのは、貴族の令嬢が社交界デビューする、盛大な舞踏会のことです。

わたくしのころは欧州の王族も参加するような格式高いソワレもありましたが、昨今は若干大衆化しつつあるよう。それでもやはり若い女性にとっては晴れ舞台です。親にとっても嬉しいことですが、懐は痛みます。何しろ、パーティ会場の手配から、女性はソワレ用のローブ（ドレス）を何着か用意しますから、お金が飛ぶこと！　出席者の年齢は男性は18〜20歳、女性は16〜18歳です。

ソワレといえば、昔はロング・ドレスが基本でしたが、ロング丈は着慣れていないと難しいですからね。今の時代に合わないのでしょう。昨今はミディ丈が主流です。娘のアンクレールのときは、フォーマルなソワレ用に一応ロングも1着用意しまし

たが、その他ミディ丈のローブを2、3着用意しました。パーティドレス売り場？ ノンノン！ このときは、ふだんは財布の紐が堅いわたくしも奮発いたしました。何しろ、このソワレで娘が将来の旦那様に出会う可能性大ですから。見下されないよう、格式あるメゾンにてオートクチュールしました。

アンクレールのローブは、ディオールで作りました。モンターニュ通りのアトリエで採寸するときの、あの華やぎは今でも覚えています。

このソワレ・シーズンばかりは母親たちも興奮気味で、『うちの娘は○×のソワレに招かれたから、クロエでローブを作った』とか、『あ〜ら、うちの娘はその日は、×○のソワレが○△城であるから、バルマンにロング・ドレスを頼みましたのよ』などと、ついつい自慢し合ったり。今思えば笑い話ですわ。

え？　日本においては関係ない、ですって？

でもね、グローバルな時代になった今、ビジネスの延長上で、こうしたドレスコードのある会に突然出席することもありますでしょう。ローブのことを、頭の片隅に置いておいても、損はないのではなくて？」

1着の服から、あなたがつくられる

最後に、わたくしから大事なことをお伝えしたいと思います。

いわゆるファストブランド店などの、安くてファッション性があるものを買って毎シーズン着尽くすというのは、今や世界中の常識となりつつあるのかもしれません。ふだん着や仕事着として着倒すものだからこだわらない、と。

でもそういう脱ぎ捨ては、空しくなくて？

それよりも、毎年1着でも愛着を持てる服を買い足し、大切に、大切に着る。

そうするうちに、それぞれの服に記憶が刻印され、服が自分の一部になっていくのです。

服は、あなたを守る鎧です。

そういう大切なものなのですから、脱ぎ捨てるような服ではなく、自分のことをよく知っている、身体にフィットした上質の衣服で身を包んでいただきたい。

何気ない日常や、大切な社交の場、仕事の場面すべてにおいて、あなたを守る「服」というものとの付き合い方を、今一度考え直してみてはいかが。

LEÇON 5

人生も、装いも、自分が主人公

コンテスたちのこだわりアイテムを知っていただいたところで、一つ私の失敗談をお伝えしましょう。

義母カトリーヌが「ご意見番」と呼んでいる義理の叔母エステルは、確かに皮肉屋で、きついところはありますが、一方で、他の人が遠慮をして進言してくれないことも言ってくれるので、助けられることも多くあります。

たとえば、先日出席した結婚式でのこと。

女性陣の多くは、色とりどりの帽子を被り、お祝いの華やいだ雰囲気を盛り上げているというのはいつものことです。中でもエステルの帽子は、らせん状のデザインで、まるでウエディングケーキのようでした。

「エステル叔母様、今日の装いも素敵。フューシャ・ピンクがよく似合っていらっしゃること。そして、そのお帽子！　なんて楽しげなデザインなのでしょう」

と声をかけると、エステルは、嬉々として帽子はどこのアトリエで作ってもらった、この歳になったら、こうやっておどけ役も率先して引き受けるのよ、パーティは楽しまないとね、ということをひとしきり話し、そして、ふと真顔になると、

「あなたも……素敵なジャケットね」

と言い、フッと微笑んで去って行きました。

その瞬間、私はまた何か間違った装いをしたことを知りました。

「……ジャケット」と言っていた、ということは、このジャケットが問題なのかしら……？　私にしては張り切ってこの日のためにイタリア製のジャケットを調達したというのに。

しばらくすると答えはわかりました。

義姉のアンクレールが、

「あら、そのジャケット……いい色ね、イタリア製？」

と、またジャケットについてコメントをしたのです。

アンクレールは美辞麗句を得意とする貴族層にしては口下手な人なので、言葉に詰まっていることがよくわかりました。

どうやらジャケットが私に似合っていないのね、きっとそう。

せっかく大枚はたいたのに、と、すっかり肩を落とした私。

パーティは庭に場所を移して続いています。日射しも強くなってきたので、気落ち

の原因であるジャケットを脱ぎ、ワンピース姿でシャンパンを啜っていると、またエステルがやってきました。

「まあ、すみれ色がよくお似合いのこと！」

と開口一番に褒めて、通りかかったギャルソンにさりげなく合図を送り、私の空のシャンパンフルートにリフィル（おかわり）を命じます。

「あなたの顔色が映えて、とっても素敵」

さっきとは打って変わっての賛辞です。ジャケットも同色なのに、なんで今度は褒めるの？

当惑に眉を寄せる私に、エステルは自分のフルートにもシャンパンを注いでもらいながら、次のように語ります。

服に着られていては、人生はつまらない

おわかりになって？　装いというのは、あくまでも着ている本人を引き立てるための脇役なのです。ドレスがすご過ぎて、本人の顔が思い浮かばない、ってこと、あるでしょう？　あれは×ってこと。

頑張って買ったジャケットだろうと、「張り切っておしゃれしている」ことが歴然とわかるような装いは無粋です。あなたのジャケットは、肩の線が強くて、「張り切っていまーす！」と宣言していたかのようでした。

あとね、ほら、あそこにいるマドモアゼルのように、タイト過ぎる服もいただけません。

あれでは息もできないでしょうに。ほほ、おかわいそうなこと！

身体の線をむげに強調する服は育ちを疑われますよ。ピチピチはジャンボン（ハム）を連想させるだけです。背伸びして、大人の女性を演出したかったのでしょうが、背伸びしたおしゃれというのは知性の低さを露呈するだけ。

品を失わずにセンシュアルにありたいと思うのでしたら、もっとここ（と頭を指し）を使わなくては。

胸元を見せるのではなく、鎖骨を見せる。太ももを見せるのではなく、ピンヒールを履きこなす、いくらでも方法はあるものですのよ。

……脱線したわね。よろしくて。エレガントにドレスアップしたいのであれば、それをまとっていると、あなたがきれいに見える、あなたが光って見える、あなたが際立って見える、そういう装いを選びなさい。

主人公はあなたですもの。褒められるべきはあなた、です。

もし、服を褒められたのなら、それはやり過ぎだった、失敗だったと理解してください。そうではなく、

「今日のあなたは素敵ね。そのジャケットも似合っている」

と褒められたのなら、Victoire《ヴィクトワール》、勝利！なのですよ。

＊

若かりしころは、「社交界の薔薇」と呼ばれたというエステル。その自信のほどが垣間見えました。

そして、「なるほど、自分を褒めてもらうか……」と思いながら話を聞いていましたが、ふと、先ほどの自分の、エステルの帽子を褒めた発言は不適切だったのでは、と慌てると、

「あれはいいのよ。あんなウエディングケーキのような帽子が似合う、と言われたら、
それこそショックだわ。
コメディアンではありませんからね。
こう見えて、わたくし、伯爵夫人でございます！」

LEÇON 6

もっと色を！　さらに色を！
美しく鮮やかな色を味方に

日本を離れて20年近い月日が経ったころ、2年だけ、夫の仕事の関係で日本に住んだことがあります。久しぶりの日本では、まるで外国人の視点で日本の慣習を見てしまうときがあり、不可解に映ることも。

その一つがかしこまった席での装いです。

礼節を重んじるということは、「地味にしろ」もしくは「野暮ったくあれ」ということではないのに、と首をかしげてしまうのでした。なんて……私も遠い昔、濃紺のリクルートスーツに、肌色のストッキング、履きなれない黒いパンプスで就職活動をしていた一人だったのですが！

久々に見る地味を絵に描いたようなスーツ姿が奇異に映ったのは、コンテスたちの、かしこまった場でこそ輝き、それはそれはエレガントで華やかに見える着こなしに目が慣れてしまったからでしょう。

この違いの理由の一つは、色遣いにあります。

前項で失敗した私の「張り切りジャケット」はすみれ色でした。別に私が好きな色ということではなかったのですが、明るい色を着ないとコンテスたちがうるさいから選んだだけ。結果、ジャケット自体は失敗でしたが、色のチョイスは褒められました。

「かしこまった席では色物を」というのがコンテスたちのテイストなのです。たとえば、就職活動や仕事用のスーツ、もしくは子どもの入学・卒業式、あと親戚のお宅を訪問するときの装いなど、日本であれば、紺や黒といった地味な色を選ぶことが多いでしょう。

でもフランスのコンテスである彼女たちの間では、「地味↓暗い↓失礼である」となります。なぜなら、自分の役割の一つは、その場に華やぎをもたらすことだ、という使命感を持っているから。

義母カトリーヌに、かしこまった席での装いに対する考え方について、もう少しくわしく聞いてみましょう。

大切な場でこそ、自分の気持ちを、「装い」で伝える

かしこまった場所では、スーツやジャケットという、ルールに従った装いをするべきというのは正解です。TPOが優先ですからね。

でも、その上、色までかしこまって黒・紺を選ぶと、「ルールですからね、そういう格好をしてきましたよ」と、まさに「お仕着せ」感、「嫌々」感がぷんぷんしますでしょ？

あなたも、昔は結婚式ではこの手のドレス、お葬式では黒のこれ、仕事のときは白いシャツに紺のスーツという服選びをされていましたっけ。ええ、失礼とは思いながら忠言いたしました。

あのころのあなたは、日本文化の「控えめであれ」という美徳が、いつの間にか「目立たないほうが無難」に変わっていた、図星でしょ？

あなた、ほんとに地味な色ばかり選ぶんですもの。ああいう装いは未成熟のまま萎む花のようで、見ていられませんでした。

そうではなく、色や素材で花を添え、「今日は謹んで／喜んで、お伺いしましたのよ」というあなたの意思を表現する装いをすべきだ、と申しましたわよね？

よろしいですか、エレガンスの前提には、成熟した大人である、ということがあるのをお忘れなく。

お仕着せなどではなく、しっかりと自分の頭で考える、これが大人であることです。

たとえば冠婚葬祭の装いであれば、TPOのエチケットと自分らしさのバランスをどう取るか、と考える。その答えが色遣いであり、素材の選び方なのです。

結婚式であれば、明るい色や光沢のある素材にしたらいい。

お仕事の面接であれば、あなたのやる気を示す爽やかな色を選ばれたらいい。

お子さまの催し物に出席されるなら、母親らしいやわらかい色を選ばれたらいいと思います。

また悲しみの席であれば、同じく黒でも、ユニフォームのようなつまらないデザインの黒服ではなく、「見事に着こなしているから、喪服だなんて思わなかったわ」と思われるようなスーツやドレスを身につけてください。こういうときこそスマートなスタイルで、暗く重苦しい空気を軽くして差し上げるべきです。

フランスでは髪や肌、瞳の色が多様ですから、とくにタブー視されている色はありません。でも、異様に目を引く色、たとえばきつい黄色や蛍光色は避けるようにしています。

また昼間の会で、黒はどうかしら。

控えめだし安心する?

それは反対ではないかしら。

黒という色は引力があり、注目を集める色ですよ。また、黒を上手に着こなすには、血色のよい肌や立体的な身体がないと平面的で貧相に見えます。安全どころかとてもリスキーな色だと思いますけど。

夜はビジュー（宝石）が映えるよう、藍色やボルドー色といった濃い色をまとうこともありますが、その分タフタやシルクといった動きや光沢のある素材を選ぶようにしています。

何かと不景気な世の中ですから、わたくしは、せめて明るい色を身につけるようにしています。

そうすることで、自分も少し気が晴れますし、気分が上がってよろしいんじゃないのかしら。

＊

カラフルな装いが多い義母カトリーヌ率いるコンテスたち。それこそ美しいブーケのようです。

というわけで、私も、カトリーヌの厳しい指導を受け、明るい色を身につけるようにしています。そうすると、確かに気が晴れ、色によっては勇敢な気持ちになったりと、色の持つパワーからポジティブな影響を受けています。
そうそう、忘れるところでした。
「明るい色はトップスに持っていくこと。
人々の視線はあなたの顔に集まるべきですからね」
というカトリーヌのアドバイスも加えておきます。

LEÇON
7

品のある「服」が品のある「人間」をつくる

コンテスたちの装いに関する考え方を聞いていると、義母カトリーヌと叔母エステルのシルバー世代、アラフォーの義姉アンクレール、そして高校生の姪シャルロットの三世代が、同じ価値観を持っているということが言葉の端々から垣間見えます。

これは、自分に置き換えると、考えられないこと。

私の場合、祖母といえばペラペラの着物に割烹着、母は逆に昭和な「洋装」派で衣装持ち、私はアメリカン・カジュアルが大好きでどちらかというとミニマリスト。まさに、明治から平成にかけての庶民の服装史の典型であり、祖母や母と共通のファッション観はありません。

フランスのモードも時代による移り変わりがあっただろうに、コンテスたちはどうしてこうも嗜好が似ているのか。

すると、カトリーヌが勝ち誇った顔で、言いました。

装いは「教育」で培われるもの

あなた、これが教育ということなのです。

母から娘へ、祖母から孫へ、当家の価値観や伝統を守り伝える。これは年長者の義務です。

ええ、教育と申しました。それが何か？

装いも大切な教養教育の一科目ですよ。

わたくしどもが「教育」と言うときは、数学などお勉強の教育ではなく、マナー、道徳、常識といった教養教育のことを指します。学業も大切ですが、これは学校にお任せして、家では教養教育を施すことが親の責務だと考えています。

服装に関して言えば、子どもが幼いうちから正しい装いのルールに沿って服を着せるというのも教育なのです。

たとえ汚すことがわかっていても、白いブラウスを着せてあげるというのも。

また、時には、きれいな装いで大人の食卓につかせ、汚さずに食事をする習慣を会得させることも。

すぐに履けなくなることがわかっていても、作りがしっかりした革靴を与えて、正しく歩くことを身につけさせるというのも。

また、時にはきれいなドレスなどで正装をさせて、装いの喜びを教えてあげるというのも。

社会に出る前には仕立てのよいスーツを作ってあげるというのも。

これすべて教養教育なのです。

スーツの品格に引っ張られるように、本人もエレガントに見えるようになる、そういうものなのです。

エレガンスとダンディズムを骨の髄まで仕込み、大人の仲間入りの準備を手伝う、これがわたくしどもの「教育」なのです。

なんとまあ、カトリーヌの大演説となりました。

カトリーヌは、コンテスたちの中でも、とりわけ「伝統を守る」ということに力を入れているので熱くなったのでしょう。

ケチな私も、このカトリーヌの話を聞いているうちに、自然とやる気になり、「我が息子たちのために頑張るとしますか！」と思えるのですから、不思議なものです。

COMTESSE CAFÉ

フランス貴族的婚活、「ラリー」の世界とは?

P56のローブ・ド・ソワレの項で「ラリー」という言葉が出てきて驚いた方も多いのではないでしょうか。私も初めて聞いたときは、てっきりカーレースのラリーのことだと思い、目をパチクリさせたものです。

ラリーとは、貴族階級に属する子どもの教養教育目的に作られたサークル活動のこと。戦後に生まれたラリーですが、貴族層の間ではいまだに教養教育のマストとして需要が高いのです。

ラリーの基本の形は、貴族階級のママ友同士がクループを組んで、毎月一回集まり、子どもたちを適宜遊ばせながら、年齢に応じた教養教育を受けさせるというもの。最近は大きなラリー・サークルも存在し、もう少し複雑な組織になっているようです。子どもが10歳前後にスタートし、20歳前後に達したところで活動を終了します。

活動内容はというと、サッカーなどのチーム・スポーツや、チェスやモノポリー大会といったお遊び会のような集いから始まり、やがて年齢に合わせてブリッジを学んだり、美術鑑賞会やテーブルマナー講座といった文化度の高い内容に移ります。

ティーンになるころには、このラリー活動でワルツやタンゴなどの社交ダンスを習います。そして、高校を卒業するころになるとソワレが開かれ、子どもたちは社交界にデビューするのです。これをもってラリー活動は終了。

このラリー活動は約10年という長丁場ですし、親も持ち回りで手伝いを求められるので負担ではあります。また活動費もバカになりません。それでも貴族ママたちは熱心に子どもをラリーに参加させます。そうでもしないと、ネットやメディアから流れる情報の洪水に子どもたちが浸かってしまい、貴族家庭ならではの価値観や伝統が流れてしまう、と危惧しているからなのでしょう。

そしてもう一つの理由があります。実は、このラリー活動の中で将来の伴侶を見つけるケースが非常に多いのです。見合結婚制度がなくなった現代において、貴族階級の婚活の場となっているのが、このラリーなのです。親御さんたちは、我が子を由緒ある家の御曹司・お嬢様と縁組させたい、という思いもあって、ラリーに対して熱心に取り組んでいるという一面もあるようですよ。

LEÇON 8

子どもには
ベーシックカラーの服だけで十分

義母カトリーヌが鼻息荒く「装いは教育」と主張していましたね。この機会に貴族層の子どもの装いについてお話ししてまいりましょう。大人たちが自由に色をまとうのとは対照的に、フランスの貴族階級の10歳くらいまで子どもたちの服装は、白、紺、グレー、とまるでユニフォーム・カラーです。それでも、子どもたちは昔読んだ小公女や小公子のよう。幼児に至っては、さながら動く人形のような愛らしさなのです。

そういえば、こんなことがありました。その昔、我が息子がまだ幼く、物心つくかつかないか、というころのこと。何を思ったのか、自分で着替えると言い出したのです。せっかくの息子のイニシアチブですし、自由にさせていたのですが、これが義母のカトリーヌには理解されず、さっそくお小言をもらってしまったのでした。

問題は、息子が気に入っていた紫のTシャツ。彼女はお気に召さなかったようで、
「なんですか、あのTシャツは」

と尋ねられました。そこで、息子が最近この色を好んでいることを説明すると、彼女はため息と共に、言いました。

「子どもの服は親が選ぶものです。子どものうちに装いのルールを教え込み、正しい色彩感覚やバランス感覚を体得させなくてはなりません。

なぜならこういうセンスは、なかなかあとになってから、培えないもの。

子どもは白、マリンブルー、グレー、ベージュといったベーシックカラーだけで十分です。多くの色を与えると混乱するだけです。

そもそも、子どもに『好み』などありません、子どもの好き嫌いは『気まぐれ』です。そんな子どもの気まぐれに親が振り回されてどうするのですか。それに、紫という高貴な色は、気品のある大人だけが着こなせる色。色遣いというのはベーシックな色を着こなして初めてコツがつかめるものなのです！」

このように真っ向から否定されて、当時はかなりショックでした。

でも今、自分も歳を取り、コンテスたちのように、「色パワー」に元気づけられるという経験を経ると、子どもに色を軽々しく与えるのはどうか、確かに幼いうちはベーシックカラーで十分なのではないか、と考え方も変わってきました。

色というものは、その本質を理解できるようになってから、少しずつ装いに取り入れるべきものなのではないか、と思うようになってきたのです。

では、どのように子どもの服装を選べば、リトル・プリンセス、リトル・プリンスをつくれるのか、最近まで4人の子どもの世話に追われていた義姉のアンクレールに聞いてみましょう。

女の子にさせるべき装い

私が子ども服を選ぶときに意識していることは、子どものときにしか着られないものを選ぶ、ということ。

だって、寿命は延びているけれど、子ども時代はあっという間に過ぎてしまうじゃない？　大人になっても着られる服は、あとでゆっくりと楽しめばいいと思うの。


とくに女の子。子ども服のコーナーを見ると、大人の服がそのままサイズが小さくなっただけ、というブティックが多いこと！

レギンスやタイトなトップなど、確かに幼い女の子が着ても、背伸びしているみたいでかわいらしいのかもしれないけど、私は買わない。ダウンジャケットは軽いしあたたかいので悪くないけど、でもこれもあとになっても着られる服。

それよりも、私は、子どもが着るからこそかわいい衿付きのオーバーコートや、イノセントな幼児が着るからこそよく似合うシンプルなワンピースを着せたい。

また、プリンセス風キャラクターや、チュイールやオーガンジーの、まるでダンスの衣装のような服を着ている子どもというのも時折見かけるけど、あれもいただけないわ。子どもに不必要に華美な格好をさせるのは百害あって一利なしね。

素のままで美しい子ども時代なのに、シンデレラ風やら化繊素材やらで着飾るだなんて、もったいないと思うの。

たとえば女の子であれば、

- 丸衿の薄いピンクのコットンブラウス
- 小花模様の丸首ブラウス
- ヨーク風編み込みセーター
- タータンチェックのプリーツスカート
- フランネル・グレーのジャンパースカート
- コーデュロイのズボン
- コットンのショートパンツ
- 袖なしのリバティコットンのふわっとしたサマードレス

・シャーリングが入った、ちょうちん袖のお出かけ用ドレス
・フード付きのケープ・コート
・ストラップ付きのバレエシューズ
・シンプルなスニーカー
・赤、白、グレーのタイツ、ハイソックス
　というところかしら。
　どれも私が子どものときに着ていたようなベーシックアイテムね。子どものうちに、こういうベーシックアイテム、ベーシックカラーの使い方をマスターしてもらうのも、大切なこと。それに、ベーシックなものはアイテム数は少なくても着回しできるので、家計にもありがたいのよ。

　そして、お母さまは、服を与えるだけでなく、お嬢さんの着こなしを見てあげることね。たとえば、
・上着とスカートやズボンの丈のバランス
・コットンのアイテムにはアイロンをかけて、パリッとした服に腕を通す心地よさを教えてあげる
・革靴は磨き、白いスニーカーが汚れていないか

・靴下などに穴が開いていないか

この時期は、こういった装いの基本を教えてあげることが何よりも大切ですからね。

髪型も、うちの娘たちはストレートのボブカットにしていました。ええ、私が切っていたわ。私も子どものときに庭に椅子を出して髪をパッツン、パッツンと母に切ってもらったことがよい思い出となっているので、子どもたちにも引き継いであげようと思ってね。このシンプルなヘアスタイルも子どもがするから愛らしいんだと思う。レイヤーを入れたり、凝った編み込みなどは、大人になってからもできるスタイルでしょ？

子どものヘアスタイルなど、似合う似合わないもないと思うけど、たとえ似合わなかったとしても、子どものうちは、耳に髪をかけ、おでこはスッキリ出して、自分の顔と向き合わせたらいいと思うの。

幼児から子どもにかけての時期は、自分を知る第一歩を踏み出すとき。

隠さずに、ごまかさずに、しっかりと、自分の長所・短所を見つめたらいい、いや見つめるべきですからね。

＊

アンクレールの言うように、貴族層の子どもたちは、装いを見れば、100%子どもらしいのです。もちろん、口を開けば生意気なことを言っているのかもしれません。でも見た目で判断する限り、純粋に愛らしい子どもらしさを持っています。それは、控えめな色合いやおとなしいデザインの装いがゆえに、本来持っている健康的な子どもっぽさが際立つからなのでしょう。

では、男の子にはどんな服を着せたらいいのかしら？

男の子にさせるべき装い

次に、男の子の装いについてね。

男の子は女の子と比べると、子どものときしか着られないアイテムというのが少ないのでツマラナイのよね。せいぜい買うとしても膝丈の半ズボンくらいかしら。これは春・夏はコットン素材で、秋・冬はフランネル素材でね。秋・冬は、これに濃い色の靴下と黒いローファーを合わせるとかわいいのよ。

少年期に入ったら、ふだん着は、白、ブルー、ネイビー、茶などのベーシックカラーを中心にそろえればよいでしょう。

時折、スエットパンツやジャージーをふだん着にしている男子を見かけるけど、勉強するときは普通の服、スポーツするときはスポーツ・ウエア、としっかり分けるべき。けじめ教育というだけでなく、頭の切り替えになるというもの。

靴も同様で、子どもでも、ふだんは革靴、スポーツのときはスニーカーと履き分ける習慣を持たせることをおすすめするわ。こういう小さなことから装いのTPOを理解して育つものよ。

男子の装いたるもの、正装が望まれるときは、学校の制服が正解。もし制服がないのであれば、それに準じたブレザーで対応したらいいわ。

当家の男子たちは、結婚式に出席するときなどは、学生服か、父親、祖父からのお下がりで間に合わせたの。

❋

息子たるもの、装いにお金をかけなくてもよい、という点は、男子ママとしては、ただただ、ありがたく。

アンクレールに、この先の、青年期に関する男子の装いについて、さらにくわしく聞いてみました。

ブレザーはお下がりで十分！

まず第一に、男子の装いは、本来は父親から教えられるもの。ネクタイの締め方から、スーツの着方、靴の手入れなど、男性の世界は男性に任せたらいいのよ。息子の初めてのブレザーは、高校に上がったころ、夫から着古したマリンブルーのブレザーをもらっていたっけ。**男子は、フォーマルな場ではブレザーにレジメンタルタイさえあれば、しばらく大丈夫よ。**

仕立ててあげないのかって？　男子は20歳過ぎまでまだ成長するから、そんな無駄なことはしませんって。靴やシルクハットといったものも、父親や祖父のお下がりを引き継ぐので、新たに購入する必要なし。

お察しのように物持ちがよいのも私たち階級の特徴ね。親も口を酸っぱくして「大切に、丁寧に着なさい」と教育するし、実際に、代々引き継いだものをこうして使うので、自ずと取り扱いが丁寧になるのよ。

サイズが合わない？　そういうこともあるけど、息子が無理なら、甥っ子、孫息子など、誰かには合うもの。男の子はお金がかからなくて本当に助かるわ。

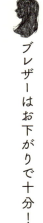

LEÇON 9

パートナーには仕立てがよく、身体にフィットしたものを着せる

子どもの次は、男性陣の装いについて見てみましょう。すると、ファッションご意見番の叔母エステルが、

「大人の男性に関して一言言うのであれば、目標は高く、英国のチャールズ皇太子を目指してください、ということです」

と、目が点になるようなことを言い放ちます。

チャールズ皇太子のファッションとは……？

ブランドに関係なく、しっかり仕立てたスーツを着ること

なぜチャールズ皇太子ですって？　だってあの方のスーツは身体にフィットしていて本当にシックでしょ？

あら、殿下のファッションセンスに気づいたことがない？　それはあの方が本

当のエレガンスをご存じだからですよ。スーツ、ネクタイ、すべてが完璧にご自身の身体にインテグレート（融合）していらっしゃる。よって服装には目がいかず、皇太子ご自身が引き立つという、装いの極意をメトリゼ（マスター）されている証拠です。

チャールズ皇太子を目指せと一言で片付けられても困る？

なるほど、日本では女性がパートナーの服選びをすることが多い、と。では、もう少し具体的なアドバイスをいたしましょうか。

まずスーツ。ブランド名よりも、しっかり仕立ててもらうことにこだわ

ってください。またいくら流行でも、極端にタイトだったり、ルーズだったり、というのは要注意です。

パリで、時折日本のサラリーマンを見かけますが、小学生がスーツを着ているみたいな方もいれば、女性かと勘違いしそうなカットのスーツ姿の方もいて、Oh la la! と眉をひそめてしまうことがあります。**スーツはデザイン性など二の次、それよりも、とにかく身体に合ったスーツを仕立ててもらってください。**

日本の方は、細身の方、長身の方、がっしりしている方など体型が多様ですから、「吊るしのスーツ」では難しいでしょう。また年齢と共に体型も変わるでしょうから、一張羅をずっと着るのではなく、節目節目に新しいスーツを仕立てることをおすすめします。

オーダーメイドは値が張る?

仕事は、一日の中で、大半の時間を費やすものでしょう?

でしたら、その間に着る服に、少しくらい投資するのもよろしいのでは?

スーツの布は、とにかく上質かつ地味に徹してください。ストライプや格子模様は冒険です。少しでも迷うようでしたら、おやめになったほうが無難です。

コットンのシャツを、素肌に着る

お次は、シュミーズ（シャツ）について。

肌に直接着るシュミーズですから、素材は上質コットン100％に限ります。フランスの公務員などに多い、あの化繊のワイシャツを見るたびに、わたくし、世の中に絶望しそうになりますの。

日本ではアイロンいらずの加工がされているシャツが人気？

Oh la la, 朝、パリッとアイロンのかかったコットンのシャツに腕を通すとき、新しい一日の始まりを感じるものではないですか。そのくらいの努力を惜しむなんて、ダンディズムも泣いてしまいますよ。

日本では若い男性でもシャツの下に肌着を着るのですか？

Mais《メ》 non《ノン》! あり得ません。男子たるもの、少しくらい寒くても、たとえ蒸し風呂のように暑くても、涼しいポーカーフェースを保つべきです。

え？ もちろん、長袖です。大体半袖のシュミーズだと、ジャケットをはおったときに、袖口にシュミーズの袖口が見えず、奇異に映るというものです。

ネクタイは、控えめな色、柄をチョイスする

毒舌でごめんあそばせ、でもこの際すべて言っておきましょう。

ネクタイについても一言。ネクタイはその時代の流行がありますから、一概にこう、とは申し上げにくいのですが、控えめな色、柄がよろしいかと存じます。

フランスの老舗メゾンが、時折ウサギやらカメなどの大胆な柄のネクタイを発表しますが、あれは特定の国、文化を持つ客層を狙ったものですので、わたくしたちのような古くからのクリアンテールは手を出すことはありません。

男性は、地味=シック、です。

ネクタイで冒険はおやめになったほうが無難です。

質のよい革靴を、磨きに磨く！

そして靴。フランスの公務員の方を目の敵にするわけではありませんが、あの手の男性ときたら、歩きやすさ重視の合成革靴、それも大抵すり減っていたり汚れていたりする靴を平気で履いていて、目を覆いたくなります。

男性もエレガントを目指すのならば、質のよい革靴に投資しましょう。そして出かける前に必ず磨くこと！

オン・オフの切り替えを

最後に、「男のオン・オフ」について一言。

男性の品格が露呈するのは週末の装いです。

立派な大人ならば、友人のお宅に招待されたときは、たとえ旧知の仲であってもジャケットをはおる。もし目上の方のお宅であれば、ブレザーにネクタイを締める、というのが都会での社交ルールです。バカンス地であれば、ツィードのジャケット（冬）か麻のジャケット（夏）をはおる、というのが正しいＴＰＯでしょう。

ディナーやパーティに招かれたときはドレスコードを確認しておくと安心です。

昨今は、たとえ夜会でも、スモーキング（タキシード）ではなく、ビジネススーツが通例となりつつあります。そういうときは、ダークカラーのスーツに、シャツは白か白に準じた色、そして濃い配色のネクタイがよいでしょう。

パートナーを世界で通用する男に育てられるよう、がんばってくださいね。

LEÇON
10

額は知性、目は魂《たましい》、鼻は品格！
マキアージュ（お化粧）の掟

服装に関することはこれくらいにして、次はお化粧のエレガンスについてコンテスたちに話していただきましょう。

それにしても、日本に帰るたびに驚くのは日本女性の肌の美しさです。若い人の肌がみずみずしくて美しいというのは当然なのですが、アラフォー、アラフィフ、いや、シルバー世代でも、発光しているかのごとき美肌の人が多いこと！

そしてお化粧。日本女性のファンデーションからアイメイク、リップもきれいに描かれている完璧メイクに、感動すら覚えてしまうのです。

一方、別の意味で感動するのは、コンテスたちのお顔。

義母カトリーヌと叔母エステルは、お二人ともどっぷりとシルバー世代です。ですが、両者ともファンデーションはなし。カトリーヌはその他も超薄化粧、エステルは、アイメイクとナチュラルな口紅だけです。よってシワ、シミはそれなりにあります。

とくに笑ったときの目尻と口角に入るシワの深さ。それらに目がいくたびに、この方たちは濃い人生を歩まれたんだろうな、としみじみ感動してしまうのです。笑いも、そしてきっと涙もいっぱいの人生だったのでしょう。

ヘアスタイルはどうかというと、カトリーヌは還暦を迎えたときからパタッと染めるのをやめ、今は、グレースフル・グレー。エステルは元々ブロンドだったのが、今は、プラチナブロンドなのか、シルバーヘアなのか。でもそれはそれでとても美しい。

カトリーヌやエステルのように若いときから美しい人は、美に対する執着が強いのかと思っていたのですが、二人とも、老いを額面通りに受け止めている、そんな印象を受けます。実に潔し、なのです。

そんなカトリーヌが、ヘアメイクのエレガンス論について教えてくれました。

今の自分を愛すること、それが一番のルール

わたくしたち姉妹は、亡き母から、メイクもヘアスタイルも、とにかくナチュラルであれ、素の自分を隠さないお化粧にとどめなさい、と教えられてきて、ずっとそのようにしてきました。母の口癖は、

「顔はあなたそのものですから、いたずらにいじらず、尊重しなさい。隠さずに

見せなさい」

でした。母自身が薄化粧でしたから、わたくしも、素直に追随し、この母の信条を娘に伝承してきました。他の貴族層の方々も、同じように教育され、それを代々伝えていると思いますよ。周りを見ても、厚化粧や、妙に作られたヘアスタイルの方を見かけませんもの。生前の母は、

「額はその人の知性を鏡映しにする」

と言って、巷で前髪があるヘアスタイルが流行ろうと、わたくしたち姉妹はいつも額丸出しのヘアスタイルでした。前に髪が落ちてくると、バレッタでバチッと留められ、そうでなければカチューシャをさせられて、いつもおでこを出すスタイル。子どものころは、日本人形のようなおかっぱ頭に憧れたものです。

でも、今になって写真を見ると、やはり母の言っていたことは正しかったと思います。何しろ、知性なくしてエレガンスは成り立ちませんからね。

若い人には、しっかり額を出して知性をアピールすることをすすめます。

❋

コンテス姉妹の、今は亡きお母さまには、結婚前に一度お目にかかったことがあります。真っ白な髪の毛を優雅にまとめ、小さな口に薄ピンクの口紅がよくお似合いの、

小鳥のような老婦人でしたが、その見た目とは異なり、声を発すると威厳たっぷりで、さすが、元祖コンテス！　と恐れ入ったことを思い出します。

さて、メイクについては、ご意見番の叔母エステルが一言あるようです。

何を隠すかより、何を見せるか

マキアージュについては、何を隠すか、ではなく、何を見せたいのか。そこを考えてお化粧しています。

その観点から、わたくしはファンデーションは不要だと考えているのです。ただ、夜会などで、照明やドレスとの釣合いを考えてつけることもありますが、そういうときも、うすーくつけてパウダーを叩く程度にしています。


一方で、目はその人の意志が表れるものですから、引き立たせるようなお化粧をしています。


これは一概に、アイメイクをせよ、ということではありません。

時折、本来の顔立ちが変わるようなアイラインを引いている方をお見受けしますが、あれはエレガントとは言えません。

お顔立ちによっては、目を引き立たせるためには、逆にお化粧しないほうがいい人もいるでしょうし、たとえば、目に注目がいくように、ルージュは引かない、という考え方もあります。

何がベストか、ご自分でよーく研究してください。

そしてルージュ。口というのは、ものを食べたり、おしゃべりしたり、そんなに品があるパーツだとは思えないので、あえて注目を呼ぶ必要はない、と考えています。

それゆえ、目立つ色は控えたほうが、エレガントをしくじらない確率高し、ではないかしら。大きな口に紅い口紅をつけている方を見ると、正直、子どもでも食べそうで怖くありません？

ダークチェリーのような赤ですか？ Jamais!《ジャメ》（絶対ダメです）

どんな理由があろうと、病人のような口紅でエレガンスは表現できませんよ。

最後に、お化粧についてわたくしが若いころに母から教わったおまじないを紹介しましょう。当時、鼻が低かったわたくしに、

「鼻は品格の高さを示すもの。雪（＝おしろい）を積もらせて高く高く」

要はしっかり鼻におしろいをはたきなさい、ということでした。

こうして鼻を意識してきたせいか、齢とともに鼻が高くなってきたような気がしますのよ。お試しあれ！

＊

コンテスたちのヘアメイク論は、顔のバランスが悪く、鼻も絶望的に低い私には、実践しても美しくなれるのか、怪しいけれど、せめて意識してみよう、と思います。そうしたら、私も、ああいう「美しいシワ」を刻めるかもしれません！

……なんて、シワはないに越したことはないんですけどね！

LEÇON 11

宝石《ビジュー》は、大きければ大きいほどよい

先日のディナーでのこと。私のはす向かいに座る義理の叔母エステルの指から目が離すことができずにいました。

というのも、エステルが見事なダイアのリングをつけていたから。

やがて食事が終わり、サロンに移動すると、エステルは、ブランデー・グラスを片手に私の隣にやってきました。実はエステル、お酒を飲むと饒舌になり、ふだんは話さないようなこともぽろっと漏らすことがあります。お互いの近況から話し始めたのですが、やはり私の目は、エステルの指のダイアにいってしまいます。すると……

高価なバッグよりもビジュー（宝石）を！

あなた、先ほどからわたくしの手元をじっと見ていらっしゃるけど……。

このダイアに見とれているって？　何カラット？　そういう無粋な質問は困っ

てしまうわ。

こういうときは、「よく輝くダイアですこと！」とか、「さすがよくお似合いですわ」とさらーっとその宝石の価値を認める言葉をかけてくだされればいいの。

わたくしたちの装いで、他の方々と異なる点は、このビジュー（宝石）のつけ方かもしれません。わたくしどもは、何事も控えめであれ、としつけられていますが、ビジューに関しては、積極的につけて、どんどん見せなさい、と言われています。

というのも、貴族の家では代々引き継がれる宝石がいくつかあり、それらビジューは、ある意味一族の誇りなのです。


このダイアは婚約指輪か？　いいえ、違いますよ。

「婚約指輪にダイア」という概念、わたくしたちにはありません。

ええ、わたくしの婚約指輪はエメラルドでした。さすがに大きい石なので、ノエル（クリスマス）などの特別な日にしかつけませんの。ふだんつけない宝石類は銀行の貸金庫に入れています。パリは物騒ですからね。

このダイアも危なくないかって？　ふふふっ。種明かししましょうか。

これ、ジルコニア（人工ダイア）ですのよ。

あら、そんなに唖然とした顔、困るわ。こんなの、本物のはずがないことは識者には一目瞭然よ。ほほ、遊び心で買ってみましたの。でも華やかでようございましょう?

宝石というものは大きさが大切です。どんなに高品質でも、それが星屑のように小さい屑ダイアは、残念ながら、やはり「屑」なのです。

あなたも大きな石を薬指につけたときに、おわかりになるでしょう。

ええ、そうよ、指輪をつけるのは薬指のみ。左の薬指に主役を、右の薬指に準主役をつけています。お遊びで小指につけることもありますけど、中指や人差し指にはつけません。バランスが悪く、エレガンスと相反するものを感じます。

石の質感と輝きは女性の自意識を引き出し、ルビーならルビーのような秘めたる情熱を、サファイアならサファイアのような高潔さをあなたのエスプリに吹き込むのです。宝石というものは、そんな魔力を持っています。

それゆえに、宝石はエレガンスを演出するためのマストなのです。

エレガンスを目指す女性なら、ケリーバッグよりも、まずは輝く宝石をお求めになるべきよ。

そういわれてみれば、日本の方はあまり宝石をつけないのね。

ティファニーのティアドロップにカルティエのトリニティ? それは宝石では

ありません。就職記念にお求めになった？　素敵な思い出ね。

誤解していらっしゃるわ。宝石というものを

でも、あなた、宝石というものは自己満足的な「思い出の品」ではなく、見せるためのものです。つけて、見せて、崇められて初めて価値があるというものです。

＊

エステルはこのように言うのですが、いくらルビーだ、サファイアだ、と言われても、サラリーマン家庭のわが家には無理です、と一人憂う私の隣で、エステルは、空になったブランデー・グラスにコニャックを注いでもらってますますご機嫌。少し身を乗り出して、身につける

べきビジューについて話を続けます。

ビジューの輝きを味方につけて

日本の方にぜひ身につけていただきたい宝石、それはパールです。日本のメゾンによる養殖真珠の美しさに敵うものはありません。みなさん冠婚葬祭のときくらいしかつけないのですか？　清楚過ぎる？　あら、フランスではパールはセンシュアルな宝石と考えられていますのよ。パールの魅力は、あの質感、そして手にからめたときのひんやりとした感触です。一粒一粒が軽くこすれ合うときの、あのささやき合うような音！　まるでシルクのシーツに肌が触れるような、なんとも心地よい宝石だと思います。

肌に直接つけると汗で傷むと言われていますが、アフターケアさえ怠らなければ大丈夫でしょう。パールはＴＰＯを問わず、そしてどんな装いにも合うビジューですから、積極的につけてみるとよろしいのでは？

その他の宝石は、その特性に合わせた身につけ方をされると、エレガンス効果が上がりますよ。たとえば、サファイアは、自然光の下で輝きを増しますから、日中につけるとよいでしょう。一方、ルビーは照明の光のほうが赤みが増すので、ソワレなどでどんどん見せたらよいと思います。

あと、宝石にも格があることはご存じ？　カジュアルな集まりやバカンス先であれば、シトリン、アメジスト、アクアマリン、翡翠などもよろしいけれど、公式のソワレなどには不向きとなりますので要注意。パール、ダイア、ルビー、サファイア、エメラルドなどはどこに出ても恥ずかしくない宝石です。

宝石は値が張る？

それは確かにそうですが、**ブランドや石の質といった物差しを忘れて、自分が魅かれる石を探してごらんなさい**。意外と手が届くものが見つかるかもしれませんよ。

また、高嶺の花だ、と敬遠せずに、ふだんから、高級宝石店のカタログやウィンドーを見て、どんなデザインがあるのか、どれが自分の好みなのか、研究しておいたらいいと思います。それだけでもエレガントな気持ちになれますよ。

LEÇON 12

バカンスやリゾート地では、「野暮」にならないこと

装いの章のトリは、日常と離れて時を過ごす「バカンス」、つまりリゾート地の装いについて。

ここまで、主にパリ（都会）におけるルールについてコンテスたちに話してもらいましたが、バカンス先やメゾン・ド・カンパーニュ（別荘、田舎の家）では、また異なるサヴォア・フェール（流儀）があるとのこと。

そこで、旅行好きで、厳しい目を持っている叔母のエステルに、バカンス先での過ごし方について聞いてみました。

バカンスという時間を存分に引き立てる装いを

バカンス先での流儀があるか？　もちろんございます。

たとえば、田舎にシャネルスーツが無粋なことは想像にたやすいでしょう。スーツは街着ですからね。

一方、バカンス先だからといって、裸同然のキャミソールにショーツもいただけません。リゾート地やメゾン・ド・カンパーニュだからといって、破れたジーンズに毛玉が付いているセーターではだらけ過ぎというもの。**休養地でもケジメを忘れずに、というのがわたくしたちのプリンシパル（信条）です。**

休養地にもその地ならではの社交界はあります。わたくしたちの場合、バカンスはお友だち一家や大家族で過ごしますし、メゾン・ド・カンパーニュでも近隣のシャトーの方たちと頻繁に行き来があります。


休養地での装い、まずは女性から参りましょうか。

フランスで夏にストッキングをはくのは奇異に映るものです。日本ではショートパンツの下にレギンスをおはきになるの？　クーラー対策？　多少寒くても、エレガンスのためには我慢して、夏は小麦色の素足を見せていただきたいわ。そうそう、ペディキュアは最低エチケットですよ。

そして、メイクも、バケーションスタイルに。

ファンデーション？　夏に、そしてバカンス先でそれは無粋でしょう。

シミ？　ソバカス？　そんなことは気になさらずに。太陽の下で過ごした証ではないですか。どうぞ鼻高々にしてらして。

バカンス先などで、ノースリーブドレスなどを着るのは結構ですが、そういうときはいつも以上に、立ち居振る舞い、ヘアメイクなど、挑発的に見えないように気をつけてくださいね。

またプールサイドや海辺のテラスで食事などをするときは、男女ともに着衣してください。水着のままで着席というのは、育ちを疑われます。シャツをはおる、サンドレスを着る、それだけで結構ですから、肌を覆うデリカシーを持ってくださいね。

こんなことを言っていますが、田舎でわたくしを見た方は驚くでしょうね。というのは、わたくしの田舎での楽しみは、ポタジェ（菜園）の手入れなのです。この趣味がゆえに、田舎でのわたくしの装いは、ウエリントンブーツ（ゴム長靴）に、Aigle《エーグル》社のレインブレーカーというのが定番でしてね。手にはプラダのバッグならぬ、籐のパニエ（バスケット）というのがわたくしのお気に入りファッションですのよ。

でも、実はこれもエレガンス道に沿った装いですのよ。

「郷に入っては郷に従え」って言いますでしょ？　田舎では田舎の人らしく装うというのが、本当の粋、真のエレガンスなのです。

男性に関しては、わたくしたちのクラスでは、たとえ暑くても、来客を迎えるときや招待に応じる際は、長ズボンと衿付きのシャツ、そして夏用のジャケットをはおるというのがエチケットとされています。

バミューダ（半ズボン）とTシャツ姿のままで接客や訪問というのは×です。

また足元についてですが、男性の素足はお世辞にも美しいとは言えません。サンダルではなく、軽いローファーか、せめてDockside（日本でいうデッキシューズ）、海辺であればエスパドリーユ（布製のバカンス用シューズ）でお願いいたします。

Ｐ93でも申しましたが、秋口にカンパーニュで過ごすときは、ツィードのジャケットやスーツがあると便利でしょう。田舎とはいえ、教会に行くときや、友だちのシャトーに招かれたときなどはジャケットが必要になりますからね。

その他必要なものは、ハンティング帽かしら。毎年ジビエの狩猟解禁時になると男たちは大騒ぎですからね。

＊

バカンス中もＴＰＯに合わせた装いを、そしてエチケットを忘れずに、というエステルの手ほどきでした。

CHAPITRE 2

La belle demeure

美しく住まうルール

C'est la Comtesse quie parle

Bonjour!　さあ、お入りになって。

今日は住まいの作り方について聞きたいということでしたわね。

わたくしにとって、住まいというのは、ドラマの舞台セッティングのようなもの。主人公はわたくしと、家族。自分はどんなドラマを生きたいのか、そのためにはどんな舞台装置が必要なのか。頭の中でイメージを構築しては、それに近づけるように試みてきました。

わたくしの場合は、とにかく美しく生きたい。

丁寧に暮らしたい、と言えば、おわかりになるかしら。

たとえば、ベッドの倍くらいある大きさの厚手の麻のシーツ。こ

れは洗うのも大変ですし、アイロンをかけるのも面倒です。でも、その手間を惜しまない、いえ、それどころか、その手間を楽しむくらいの心のゆとりを持っていたい。丁寧に選び、手入れした家具や日用品だけに囲まれ、無駄なものは持たず、そしてものを無駄にしない。このように慎ましく生きることをモットーにしています。

まあ、「慎ましい」とは思えないほどriche《リッシュ》（豊か）ですって？ でもあなた、何を指して「豊か」とおっしゃるのかしら？ もし、ものに溢れた暮らしを指すのでしたら、それは豊かでも、美しくもありません。慎ましさなく、財力に任せた傲慢な暮らしぶりは美しくありません。見せかけの豊かさに美しさが宿ることはないのです。

Oh la la! こんなふうに哲学してしまうのは、フランス人の悪いところね。さあ、もっと暮らしにもとづいた話に移りましょう！

LEÇON
1

観察と行動なくして、暮らしに美しさは宿らない

暮らすこと、住まいについては、並々ならぬこだわりを持つ義母カトリーヌ。そんな彼女は、自宅の模様替えをしょっちゅうします。夫も重たい家具の移動によく駆り出されていて、力自慢の私もテーブルの一角を持ち上げたり、絨毯をピアノの下に滑らせるといったマイナーな役どころを仰せつかってきました。

なぜ、カトリーヌは模様替えにこだわるのでしょう。

時も、人も、家も変化するもの

わたくしが模様替えをしょっちゅうするのは、気まぐれだから。これが一番の理由でしょう。

しばらくすると変化が欲しくなってしまうのよね。

でも他にも理由はありますのよ。

今、「変化」と申しましたが、わたくしたちの周囲は常に動いていますでしょ？　昨日の日射しと今日の日射しは同じではなく、たとえばそこのテーブルに置いた花瓶は、昨日までは素敵なシェード（影）を作っていたけれど、今日はせっかくの日射しをブロックしていますわね？　それに気づいたら別のスポットに移動したくなるのです。

そして、人。

わたくしも、そして家族も、刻々と「変化」しています。

昨日まで好きだった絵が、今朝はなんだか気分を沈ませる。

その昔はスポーツ青年だった夫が、いつの間にか、読書好きの初老となり、書斎にこもるようになっている。

子どもたちも、昨日までは家の中を走り回っていたのに、気づくと学業に追われる歳になり、最近はいつも机に向かっている。

そういうものじゃございません？

こういった変化に合わせて、部屋のレイアウトや色合いを変え、住み心地よくしたい、と思うのです。

ご自分の好きなものを軸に、試行錯誤してみては？

こうして頻繁に部屋の模様替えをするわたくしだけれど、別に持って生まれた美的センスが素晴らしいというわけではないのよ。

頭の中でイメージして、その通りにしたのに、実際にやってみると何かしっくりいかないからやり直し、ということも何度か経験しました。でも、この試行錯誤から学ぶことがたくさんあり、そういう中で、内装に関するバランス感覚や色彩感覚が生まれた、ということはあるかもしれません。

そして、一つだけ言えることは、観察力と行動力なくして、暮らしに美しさは宿らないということ。

時折、ご自分の居間や廊下の片隅に椅子を置いて、ゆっくりと周りを見渡してみてください。

朝、昼、夜、そして春、夏、秋、冬と、異なった時間帯、異なった季節にそうしてみるのです。また椅子の位置を動かして、違う視点から見てみることも大切でしょう。

そうこうしているうちに、何が足りないのか、何が多すぎるのか、見極める分

析力が培われてくるものです。そして、その「何か」が見えてきたら、怠けることなく行動する。考えているだけではダメですよ。

ソファーの位置が違う、テーブルの向きを変えたらどうだろう、この絨毯はいらないのでは……そう思ったなら勇敢に行動してみてください。そのうちに感性が磨かれてきますから。

感性を磨くというと、美術館に行くとか、アンティークを鑑賞するなどして、見る目を養えなどというお話をよく聞きますが、そういうのは、お好きならぜひすればよいでしょう。

でも、まずは外に感性を求めるより、ご自分の内面を探ることのほうが大切だと思います。

自分はどんなスタイルが好きなのか、何色が好きなのか、どんな匂いに惹かれるのか、どのような照度だとほっとするのか、どんな音楽に安らぎを感じるのか。

住まいというものは、あなたの場所ですからね。

ご自分の感性に耳を傾けてあげて、そこからスタートされたらよろしいのではないかしら？

あら、ご自分の好きなものがわからない……そんなお顔をなさっているわね。

意外とそういうものですよ。

毎日忙しく過ごしていると、ふと自分を見失ってしまう……。

わたくしは、そうならないように、たとえば何かピンとくる絵や写真を見たら、それを取っておくようにしています。スマートフォンで撮ってもいいですし、雑誌であれば切り抜いておくのです。

また、ビジュアルだけでなく、本のワンフレーズや、歌のメロディ、キャンドルの匂いなど、とにかく自分の心の琴線に触れたものに出会ったら、スクラップブックに書きとめるようにしています。そしてそれらを時折取り出して眺める。

そうすると、その中で共通項が見えてきて、ご自分の嗜好がわかるようになりますよ。

＊

カトリーヌのこの話を聞きながら、「いったい、私は何が好きなのだろう……」と、あらためて思い返していました。

若いころはもっと明確に好きなものがあったのですが、気づくと、好きな色より無難な色を選び、間接照明が好きだったけれど、視力のために白熱灯に変えてからはそれに慣れてしまい、音楽も、コンサートに行かなくなって久しい……。
まずは、小さな心の動きも、おざなりにせず、注意を払うこと。
簡単なことのようでいて、できるかなぁ。
いや、やってみなくては、ですね！

LEÇON
2

美しい世界は、「玄関《エントランス》」から始まる

「住まい」と一口で言っても、日本の住まいとフランスの住まいは、様式や広さだけでなく、部屋の役割からして異なるところがいくつかあります。

まずは、住まいの入り口である、エントランス（玄関）についてお話ししてまいりましょう。


日本では、玄関は、外界と家の中間的で曖昧なスペースです。

荷物の配達の方やセールスマンなどの外部の人を入れることもあるので、内装をあえて無機質にしたり、暖簾などを下げたりして、家の内側を見られないように用心することも必要とされます。また靴や上着のための収納スペースを設け、すぐに片付くようにしているご家庭も多いでしょう。

一方で、フランスにおいて「Entrée ＝玄関」という言葉はあるものの、玄関で靴を脱ぐ慣習はないので、日本のような三和土もありませんし、エントランスのドア一枚が外界との仕切りとなります。

つまり、ドアの内側は、玄関というより、「廊下の一部」という感じ。

それゆえに日本の玄関のような曖昧さはなく、ドアの内側からインテリア・デコレーションがしっかり施され、住む人の美的世界観はここからスタートしています。


さて、義母カトリーヌ邸のエントランスは、スペースは広めに取られ、壁は暖色系、照明もオレンジ色の明かりが灯されていて、美しくもあたたかみがあります。どうしてこんなに素敵な空間を作り出せるのか、カトリーヌにエントランスの役割と美意識について、聞いてみました。

エントランスは、美しくもほっとする空間に

ドアを開けて、エントランスに入った瞬間というのは、外での緊張から解き放たれ、ほっとしたいもの。ですから、わがエントランスの照明は、きつい白熱灯ではなく、あたたかい灯りのほうがこの心情に合っていると考え、このオレンジ色の明かりを灯すランプにしました。

壁の色も同様の理由で暖色系にしましたが、実はもう一つ理由がありましてね。

ほら、エントランススペースは外からの汚れも入りがちでしょう？

白っぽい配色だと汚れやちりが気になるのでこのような色にしているのです。帰った瞬間に掃除のことは考えたくありませんからね。

そして、さりげなくアンティークの肘かけ椅子を置いて、一旦ここに、重いコートやカバンを置けるようにしています。

これはサロン（居間）に進む前に、外でまとっていた精神的な「鎧」を取り外してくださいね、という意味合いもありますの。

❋

フランスの日常はスリやテロ、不親切な応対などでストレスがいっぱい。外にいるときは気を張っていますから、カトリーヌの言うように、家に一歩入ったらほっとしたいという気持ちはよくわかります。

でも日本も、ストレスの過酷さではフランスに負けていません。長い一日、職場で神経をすり減らし、やっと帰り着いたホーム・スイート・ホームです。自分のためにも、そして家族のためにも、玄関に入ったら、何はさておき、心底ほっとリラックスできる場所にする、というカトリーヌの考え方を取り入れてみてはいかがでしょうか。

このカトリーヌが住むアパルトマンは、建物自体のエントランスも素敵です。重厚な門に続く入口には大理石が使われ、奥にはエレガントな螺旋階段があります。

素敵なエントランス・スペースがある建物は、一歩入った瞬間に映画のワンシーンにトリップさせてくれるもの。エントランスから自分のアパルトマンのドアに着くまでたった3分ほどですが、ここでゆとりを感じることは、とても大切なのかもしれません。

さて、続いて他の部屋も見てみましょうか。

LEÇON 3

「居間《サロン》」は、静かな時間を過ごし、くつろぐための場所

フランスでは、玄関に続き、「居間」「食堂」「台所」という、いわゆる共同エリアがあり、その奥に（一軒家の場合は上階に）寝室エリアがあります。フランス語では、居間は「サロン」、食堂は「サラマンジェ」、台所は「キュイジーヌ」と呼ばれます。

家の中心であり、もっとも人が集まるサロン（居間）について、コンテスたちのこだわりを聞いてみましょう。

まず、サロンの話に入る前に、この共同エリアについて、貴族階級と、一般家庭のお宅では、レイアウトからして異なることに触れておきたいと思います。

一般家庭のお宅のサロンは、大きなテレビがドンと鎮座していて、その前にはソファーが置かれています。そして、その隣は仕切りがなく、サラマンジェ（食堂）・エリアとなっていて、さらに、サラマンジェがキュイジーヌ・アメリカン（オープンキッチン）とつながっているというモダンなお宅を多く見かけます。

昨今のフランスでは、このキュイジーヌ・アメリカンが大人気。ランチやディナーに招かれると、食事の前に、準備をする友人とキッチンテーブル兼カウンター越しにおしゃべりしたり、お手伝いしながらアペリティフをいただくという、気さくなおもてなしスタイルで宴がスタートします。そして、食事ができたら、カウンターから離れて、サラマンジェ・エリアにある食卓に着席します。

食事のあとは、食卓を離れて、ソファーに移り、コーヒーをいただく。子どもたちも一緒におやつをいただいたり、テレビでDVDを観たりする、という流れです。

家によっては子どもたちがおもちゃを片手にサロンを走り回っていたり、と実に賑やか。サロンは、一家団らんの場所、という位置づけなのです。

一方で、貴族階級のお宅では、サロン、サラマンジェ、そしてキュイジーヌの一体化というケースはほとんどありません。

本書の冒頭（P2）で少し触れたように、義母カトリーヌのサロンはというと、サロン、サラマンジェ、キュイジーヌはしっかり分けられている上に、美術館の一室のように、すっきり、広々としていて、優雅で生活臭がありません。

さて、レイアウトについての前振りはこのくらいにして、いよいよ本題のサロンについて、カトリーヌに聞いてみましょう。

ご自分の満足いく空間をつくること

あなたも、共同エリアのレイアウトの違いについて気づかれたのね。それぞれの空間にはそれぞれの役目があるのに、最近流行のキュイジーヌ・アメリカン（オープンキッチン）スタイルのように敷居を取り外してしまうと、けじめがなくなってしまいますでしょ？

ゴロゴロしたいならサロンではなく寝室へ。ダラダラ食べずに、食事はサラマンジェでしっかりいただく。料理しながらおしゃべりなどせず、料理はキュイジーヌで、おしゃべりはサロンでなさったら？

あら、私のサロンを褒めてくださって、ありがとう。

実はミュゼ（美術館）をまねて作ったのです。

わが家は家族やお客様など、人の行き来が多いでしょう？

サロンのものを壊されたり、汚されたりすることにキリキリしていたあるとき、ふっとジャクマール邸やマルモッタン邸を思い出したのです。ええ、どちらも今は美術館として知られていますが、昔は個人の邸宅でした。

美術館は人の行き来が多いのに、整然としていますでしょ。そこで、美術館からイメージを得て、サロンを美術館の一室のようにしてみたのです。拙宅のサロンは、美術館より手狭ですが、家具を背の低いものに統一して圧迫感を抑え、そして壁の色や材質は、飾る絵に合わせて選びました。絨毯は壁の色と合うものにし、かつ汚れが目立たないように、モチーフ入りにしましたの。

＊

言われてみれば、カトリーヌは装いに関しても「先生風」としていたように、意外なところからインスピレーションを受け、それ風に再現するアプローチを取っ

ていましたっけ。

　サロンも見事に「美術館風」を実現しています。ただぼんやりと「素敵な」「エレガントな」雰囲気に憧れているより、明確な方向性があるので、部屋の仕上がりの完成度が高いのでしょう。


　次に、長いこと一人で生活をしている叔母エステルに、サロンの美学について聞いてみましょう。エステルは、一人暮らしをしているので手狭なアパルトマンに住んでいますが、サロン、サラマンジェ、キュイジーヌはしっかり分立しています。カトリーヌ邸よりずっと小さなサロンですが、壁紙やオブジェ、絵などもロココ調にまとまっていて、まるでミニ・ベルサイユです。

自分のために、好きなものを好きなだけ！

　わたくしは一人暮らしですし、狭い家だから、ほとんど人は招きませんの。

　ですから、腰かける場所は、ソファーの代わりに長肘かけ椅子とマエストロ（愛猫）のためのオットマンだけ。ソファーの分のスペースを小物のコレクションを飾るテーブルや棚に譲っています。

だってこんなお一人さま仕様のサロンを、ミニマリズムなインテリアにしたら、牢屋みたいではありませんか？　そんな寂しいのは嫌ですわ。

また、小物のたぐいも好きで飾っておりますが、自分のルールに従って厳選しています。わたくしのルールは、ものを飾るときは、それを見たときに「楽しい気持ちになるか」と自問しますの。それに対して「手入れが面倒くさそう」とか「泥棒に狙われそう」という負担が先に頭に浮かぶものは却下。そうではなく、「まあきれい！」とか「なんて愛らしい」などと、心が躍る気持ちが先にくるもののみ合格。

この方法だと、ある程度の量に達すると、自然と「もうメンテナンスできないわ」と抑制するし、「わたくしが好きなもの」というフィルターにかけられて選ばれたものですから、なんらかの統一性があり、ごちゃごちゃしないのです。

わたくしにとってサロンで過ごす時間は、今日という一日のデセール（食後の楽しみ）。仕事や家事など、その日にやるべきことはすべて終え、自分へのご褒美に、美味しい紅茶や、時にはショコラとコニャックをいただきながら、甘美に過ごすための時間なのです。

ですから、サロンには実用的なものや機能性の高いものなど置いておりません。タブレット？　電話？　あんな神経を逆なでするものは結構ですわ。

ただただ愛でたいもの、楽しい気持ちになれるものがあればよし。

＊

なるほど、エステルのように、サロンの役割が明確であれば、必要なもの、不必要なものも自ずと選別できるのですね。サロンでアイロンがけをしたり、持ち帰った仕事を片付けたり、時にはDVDを観ながらピザまで食べるわが家。道理でエレガンスに欠けるわけだ……。

とはいえ、「私だってお一人さまだったらそうできるけど……」と家族に責任転嫁したくもなり……。そうだ、小中高にわたる4人の子どもがいる義姉アンクレールに話したら、きっと共感してもらえるはず！　ということで、4人の子持ちの上、夫婦共働きでもあるアンクレール邸へ。

さぞかし混沌としていることだろう、とサロンにお邪魔すると……、なんと整然としていること！

レモンイエローを基調とした壁が、床のパルケと呼ばれるダークブラウンの樫材フローリングと好対照をなし、部屋を明るく、広く見せる工夫が施されています。

隅にはアップライトのピアノがあり、上には、銀縁のフレームに収まった家族の写真が並んでいます。もちろん、ホコリなど一切なし。

サロンにテレビはなく、ローテーブルをはさんでソファーと肘かけ椅子が配置されていて、大人が静かに会話するための部屋であることが明確なインテリアとなっています。

というのも、おもちゃはもとより、本やタブレットといった私物すら見当たらないのです。本来読書は、「書斎」という、今ではほとんどの家庭から消えた部屋でするものなので、サロンに読みかけの本を置きっ放しにするのは×、なのでしょう。

たとえいつ女王様がいらしても、慌てることなくウエルカムできる、そんな自信がみなぎっているサロン。さすが、カトリーヌの長女、貴族道の王道を行くアンクレールなのです。彼女のサロン美学について、聞いてみましょう。

子どもがいても、大人中心の部屋づくりを

女王様なんて大げさね。

notre milieu《ノートル ミリュー》（私たちの階級）では、サロンは特別な場合を除いて子どもたちが入ってはいけない場所ですからね。

サロンは一家団らんの場ではなく、大人のみの領域。大人たちが食前・食後酒を楽しむ場所、午後のティータイムを楽しむ場所、気ままにピアノでも弾いて、自

分の世界に浸る場所、です。

わが家では、子どもがサロンに「滞在」を許可されるのは、ノエルや家族の集いなどの限られた機会のみ。めったに入れない場所なので、ふだんはやんちゃな子どもたちも、サロンにいるときは比較的おとなしく振る舞っているわ。**大人の場所にいさせてもらっていると、子どもなりにプレッシャーを感じているのでしょう、親が忠言するまでもなく、ものを触ったり、汚したりしないようにと気をつけているようね。**

ふだんの日の、家族の憩いの場所？　食事のときは家族がそろうので、サラマンジェでお互い今日あったことを報告する、これが憩いの場かしらね。

夕食のあとは夫婦の時間。親はサロンへ、子どもたちは自室へ、という過ごし方をしています。

＊

アンクレールの子育てを見ていると、こうやって子どもたちは自分の領域を知り、その後も成長過程において、場をわきまえた行動ができるようになり、「育ちのよい」大人になっていくのだな、と道筋が見えてきます。

何につけてもグレイスフルなアンクレール、シャポー《脱帽》でした。

さて、カトリーヌの「美術館風サロン」に話を戻しましょう。

カトリーヌが淹れたフランス人好みの薄いストレート・ティーをいただいていると、壁に飾られた肖像画のカトリーヌの曾祖母が優美に微笑み、漂う空気も香《かぐわ》しく、そこにいるだけで、がさつな私でさえも、いつもよりエレガントに立ち居振る舞えているような気がしてきます。

すると、カトリーヌが、ウィンクしながらいたずらっぽく言いました。

「ほほほ、そうでしょう? 実はね、秘密は鏡にあるのよ。

暖炉の上や本棚の扉など、何カ所か鏡を使っているでしょう?

ベルサイユ宮殿の鏡の間ではありませんが、サロンにはさりげなく、鏡を置くとよいですよ。こうすると、部屋が若干広く感じられるでしょう?

そしてご自分の姿がちらちらっと目に入るから、潜在下で姿勢や動きに注意して、自然と美しく振る舞えるようになるので、お試しになってね」

LEÇON 4

エレガントな食卓の実現は舞台裏を見せないことから

お次は、サラマンジェ。サラマンジェとは、フランス語でダイニングルームもしくは食堂のことです。

フランスにおいてサラマンジェは、独立型、キュイジーヌ（台所）と一体型、サロン（居間）と一体型など、さまざまな形態がありますが、前述したように、義母カトリーヌを筆頭に、貴族や上流階級の人々は「サラマンジェ独立型」を好みます。

これは、食事をするときは、食事をする場所で、くつろぐときはくつろぐ場所で、という理由からでしたね。

また、その他の理由としては、食べ物の匂いがサロンに流れること、料理している姿をお客さまに見せることは好ましくないという考え方が背景にあるようです。

昔、わが家に叔母エステルを招いた際に、ドアベルが鳴ったときにはまだ調理中だったので、エプロン姿のまま出迎えたら、目を回されたことがありましたっけ。どうやら、その日のホステス（女主人）たる者が、エプロン姿でお出迎えというのはエレガントさに欠けている、とエステルの気に障ったようです。

今の時代は、主婦／主夫＝シェフである家庭がほとんどで、エプロン姿を恥じる必要はないと思っていましたが、ホームパーティであろうとも、舞台裏を客に見せるな、というエステルのピシリとした貴族階級ならではの認識に、背筋が伸びたのでした。

ちなみに、義母カトリーヌは、ディナーを催すときは、お客さまが到着する30分前には準備を終わらせ、外行きの装いに着替えて出迎えに臨みます。

サロンでアペリティフをみなに振る舞い、いざサラマンジェへ移動、というときも、キュイジーヌに入るときは人知れぬようささっと、そして短時間で出てきます。もちろん、エプロンは外して。

「お手伝いしましょうか」と申し出ると、小声で「いいから社交のほうをよろしく」とささやいて、扉の向こうに去ります。きっと他のお客さまに気を遣われたくないのでしょう。こういうときのカトリーヌには、お客さまにはとことんくつろいでもらいたい、というホステスの意気込みを感じます。

また、結婚当初、カトリーヌ邸でノエルの午餐会が開かれた際、嫁として台所仕事も手伝わなくては、と張り切ったのですが、これもコンテスたちに対しては間違った気遣いでした。

「あら、あなたはお客さまですよ。どうぞサロンにいらして」

と、キュイジーヌのドアを閉められてしまったのです！

カトリーヌのように貴族としての意識が高い人にとって、キュイジーヌとは、本来は使用人の領域。そこで料理をしている自分を見られたり、入られて手伝いをされたりするというのは、プライドが許さないのです。こういう人々ですから、開けっぴろげなキュイジーヌ・アメリカンを嫌うのでしょう。


さて、最後にサラマンジェのインテリアの注意すべき点について、カトリーヌに聞いておきましょう。

「とにかく食事をするところですから、裸体像やドロドロした情景モノなど、ギョッとするような絵やオブジェなどは控えること、装飾もミニマムにされますよう。匂いにも気をつけてください。アロマの強いキャンドルや花は置かないように。時折、演出のために仰々しいクロスや、食べ物とは無縁の飾りを置く方もいらっしゃるけれど、食欲をそそりませんのでおやめになって。

化繊、羊毛なども×。

どんなに盛り上げたところで、ここは食事をするところです。

清潔感があることが第一ですからね」

LEÇON 5

それぞれの部屋にテーマを設ける

さて、お次はパリのアパルトマンから場を移して、カトリーヌの「シャトー」へ。

結婚して以来、休暇はコンテスたちが別荘として使うロワール地方のプチ・シャトーに滞在することが多いのですが、そのシャトーのインテリア・デコレーションには、美しく住まうためのヒントがたくさんあります。

「シャトー」などと聞くと、「なんてゴージャス、でも自分には縁がないわ」と思われるかもしれませんが、シャトー＝ゴージャスとは限らないというのが、フランス貴族の実情です（Ｐ１４８をご参照ください）。それでも結婚当時はシャトーと聞くだけで、場違いな気がして腰が引けてしまうところがありました。

ただ、コンテスたちは、こうしてシャトーに暮らしてきたからこそ、部屋に対する高いセンスや豊かな発想があるんだな、ということを、訪問するたびに感じます。

とくに、部屋ごとにテーマを設けるという発想は、このシャトー暮らしがあってこそ、でしょう。

お城見学をされたことのある方でしたらご存じでしょうが、古いお屋敷は部屋数も多いことから、「何々の間」というように名が付いているものです。

もちろん、義母カトリーヌのシャトーは、そんなに広大ではありませんが、やはり、各部屋に「赤の部屋」「花の部屋」「夏のサロン」などと名称が付いています。

これは別に各部屋のドアにそういう表札がぶら下がっているのではなく、家族間で便宜上付けた呼び名のようなもので、

「このトレイはどちらに持っていきましょう」

「ああ、夏のサロンにお願い」

「夏のサロン？　ああ、あの白っぽいサロンのことね」

とか、

「あなたはどうぞ青の部屋を使ってくださいね」

「ああ、あの青のトワルドジュイ（18世紀のデザインをモチーフとしたフランスの伝統的なデザイン）が布張りされている部屋ね」

というふうに、暮らしの中で生まれた呼称なのです。

この風習に、何かロマンチックなものを感じ、「素敵ですねえ」と言う私に、カトリーヌは、

「あーら、そんなに感心されることでもありませんけど、お気に召したなら、あなたたちが住む家にも取り入れられるじゃないの。

各部屋に色のテーマを設けたら？」

と提案してくれました。

当時、ちょうど引っ越ししたての私は、そうか！と気がつき、さっそく実行したのです。

引っ越しというものは、そのときが来ると荷詰めや諸手続きでバタバタと忙しく、どんなデコレーションにしようかなんて、二の次、三の次になってしまいます。そしてようやく落ち着いたころにな

って、「あれ、こんなふうになってしまった！」とガッカリするものです。

そこでシャトーに習って、各部屋のメインカラー、メインテーマだけ、決めることにしたのでした。

サロンは、ソファーがベージュなので、そのまま「ベージュのサロン」。

子どもたちの部屋は、長男が青系のベッドカバーを使っていたので「青の部屋」。

次男の部屋は、壁がレモン色だったから「太陽の部屋」。

私たちの寝室は、カーテンが赤だから「赤の部屋」。

バスルームはヨット柄のタイルだったからテーマを「海」とする、こんな感じです。

すると、あとが簡単だったこと！

どのカーペットをどの部屋にあてがうか？

デスク・ランプは？

椅子は？

クッションは？

バスルームの新しいタオルは何色にする？

答えは明瞭、すべてテーマ色に沿って選びました。

家族にも、色さえ同系色であれば、好きなように小物選びしてよし、と権限を与え、作業を分担できたことも助かりました。

そして、でき上がりも大満足。

大きな部分の色を決めておけば、あとは多少遊んでも部屋の雰囲気を壊すことなく、またカーテンやソファー、ベッドカバーは柄物でも、テーマ色が入っていれば、すんなり部屋に溶け込むことを知りました。


そして効用はインテリア面だけではありません。

のちにまた引っ越しましたが、子どもたちは、

「あの青の部屋で誰々が泊まったときに大騒ぎした」

「海のバスルームに貝殻を飾ったのが楽しかった」

「ママたちの赤の部屋の、派手な薔薇柄の布団がミー君（愛猫の三毛）のお気に入りだったね」

などと、あの家のことを話していました。きっと色と共に、ビビッドに思い出がよみがえるのでしょう。

カトリーヌに報告したら、勝ち誇ったように言いました。

「そうでしょうとも」

わたくしたちも、そうやってインテリアと共に、思い出を胸に刻んできたのです。

小さいお部屋でも、シャトーでも、それは変わることがありません。

部屋にテーマを設けるだけで、インテリアにまとまりができ、また愛着（＝思い出）も深まるのですよ」

LEÇON 6

その家と家族にふさわしい家全体のテーマも決める

もう一つ、私がコンテスたちから学んだインテリアの裏技、それは、家全体の「インテグレーション（融合）」です。

たとえば、前項では、各部屋のテーマ色を決めるとお話ししましたが、各部屋の色は青、赤、黄色でそれぞれまとまっていても、青の部屋は都会風だったり、赤の部屋はコテージ風だったり、黄色の部屋はクラシックだったりしていては、家全体としてはバラバラ、家のコンセプトが統一されていない状態です。これはインテグレーションが欠けているということです。

インテグレーションが欠けた、極端な例を挙げましょう。

その昔、私が実家に住んでいたころのこと。母は洋風が好みで、それふうにマンションをアレンジしていたのですが、父は畳やこたつが手放せない人でした。そして当時高校生の私はというと、ディズニーにはまっていたので壁にポスターを貼り、ミッキーマウスのヴィンテージTシャツを額に入れて飾る、という凝りよう。

つまり、各々の部屋で「マイワールド」が展開されているという状態だったのです。

当然、家としてはどうかといえば、バラバラもいいところ。

当時の家は特徴がないマンションで、よって、両親も、家の「キャラ」をどうするか、深く考えずに、それぞれがしたいように「不干渉主義」でいたのでしょう。今思えば、もっと共通項を持った部屋づくりだってできただろうに、と悔やまれるのですが、家族それぞれが忙しかったあのころ、誰もそんなことを考えなかったのです。そう思うと、家の姿というものは、家族の姿を現しているのかもしれません。

私の実家ほどではなくても、**日本は和洋が混在した生活様式なので、インテグレートすることを念頭に置かないと「バラバラの家」になりがち。**これは一人暮らしでも同様です。シャープなインテリアの居間と寝室なのに、バスルームはいただき物のタオルに合わせて妙にラブリー……これも昔の私のことなのですが。

そこで、インテグレートのコツについて、義母カトリーヌに聞いてみました。

家の置かれた環境からテーマを考えてみては？

インテグレートのために大切なことは、家全体のテーマを選び、それに沿って各部屋をつなぐことです。

たとえば、わたくしのシャトーは、田畑が広がる中にぽつねんとあり、とても文化的とは言えません。でも、わたくしはここで庭園の手入れをし、ポタジェ（菜園）で果物や野菜を育てながら時を過ごすことにかけがえのない喜びを感じています。

ということで、わたくしのシャトーのテーマは「田園」。

サラマンジェのタピセリーは、お城にウサギやキツネたちの絵柄。エントランスは大理石とうぐいす色のコンビにすることで、外の砂利や若菜の色とグラデーションを図っています。２つのサロンも、それぞれ春夏と秋冬の外の日射しに合う色合いでまとめました。各寝室も、田園にマッチする絵柄のカーテンであったり、壁のモチーフだったりと、シャトー全体、いえシャトーを囲むエリア全体を田園というテーマでつなげたのよ。

＊

もっと普通の家でこれを実現する例を挙げてみましょう。拙宅のことを披露しますと、たとえば夫の転勤で2年間過ごした日本の横浜の家は、緑が豊かなエリアだったこと、そして、フローリングや柱などが木肌が多い造りだったので、「木の香り」をテーマにしました。

フランスでも、床のパルケ（木材のフローリングのこと）や階段、そして書棚など木材を多用している家は多いのですが、空気が乾燥しているせいか、木の匂いを感じることはありません。それが、日本は湿度が高いせいか、家の木材が呼吸しているようで、初めてこの家に入ったとき、木の香《かぐわ》しい匂いに、「これだ！」と気持ちが固まったのです。

各部屋、それぞれの色は決めましたが、色を使うのはアクセント程度にし、木肌を見せるよう意識しました。そして木製のものは、できるだけ床と同じ樫材で、似たような濃さの茶色で統一。また、カーテンも、草の葉や小鳥といったガーデン柄にして、木や森を連想させるようにしました。

この時代は、子どもたちも遊び盛り。外では緑の中を走り回り、家の中では木のフローリングの上を裸足で歩いて育ち、私や夫も、四季ごとに変わる木の香りを楽しみながら暮らしました。サロンにいると、まるで庭のテラスにいるような気分になり、子どもも、あのころを振り返るとき、「部屋の窓から外を見るのが好きだった。家の中にいても、外の木の中にいるみたいだったなあ」と懐かしんでいます。

当時は旅行もよくしましたが、帰ってくるたびに家族みなが「ほっとするね」と表情をゆるめたもの。また普通の週末も、家で過ごすことを好んでいたようで、家づくり、そして家族づくりにも成功したのかな、とひそかに自負していたものです。

COMTESSE CAFÉ

フランス上流階級のシャトー事情

カトリーヌの別荘がシャトーだというと、大金持ちのように聞こえますが、シャトー＝大金持ち、という等式はフランスでは必ずしも当てはまりません。フランスにはシャトーと名が付く建造物がたくさんあり、その価値の幅たるや月とスッポンがごとく広いのです。ものによっては、東京都心の手狭なマンションとそう変わらない価格だとか。

だからと言って、フランス人は気に入ったシャトーを見つけたら別荘として購入するか、というと、それはまた微妙です。知人に大企業のトップを務めたフランス人がいます。彼の Maison de campagne《メゾン・ド・カンパーニュ》（田舎の家、別荘のこと）はシャトーではなく、広大な農家を改造した邸宅。彼いわく、

「改造に費やした額を考えると、シャトー物件のほうが安くつくのは知っていたけれど、だからと言ってシャトーを買う気にはなれない。

Moi《モア》, chateau《シャトー》? Jamais《ジャメ》!（私がシャトーなどに住んでどうする？） そんな品のないことはしたくない」

と言っていました。彼の言葉からは、身の丈に合わないことをするのは無粋だ、という彼の美学と共に、シャトー族である貴族層という階級を拒絶する複雑な気持ちを感じ取りましたっけ。

また、貴族層でも、シャトーではない別荘を持つ人も多くいます。何しろ、シャトーはメンテナンスが大変です。18、19世紀建立のものが多いと思われますが、そういう古い石造りの建物に現代人が住むためには、ヒーティングシステムを入れ、水道管を替え、アードワーズと呼ばれる屋根の青瓦を維持し、と多大な労力・費用がかかります。そのため、シャトーを文化遺産登録し、公の補助金を受け取ったり、シャトーの領地である森の木々を30年ごとに伐採し、その木材の売価で屋根やその他の修繕をしたり、みなさんいろいろとやり繰りしているようです。

シャトー以外のメゾン・ド・カンパーニュには、藁ぶき屋根のコテージ風の家、山の中のシャレーのような家など、その地方に合った建築スタイルがあり、それもシャトーに劣らず素敵なものです。

LEÇON 7

「香《かお》り」と「臭《にお》い」に敏感であれ！

先ほど、木の香りに重きを置いた部屋づくりについて触れましたが、そもそも私がこんなに匂いに敏感になったのは、夫と結婚してから。

何しろ、育ちのよい人は匂いにうるさいのです。

コンテスたちをはじめ、わが夫も臭《にお》い、香りに敏感なことといったら！

私はヘビースモーカーの父を持ち、干物を焼く煙をくさいと思うことなく育ちました。臭覚自体は鋭いほうですが、何をくさいと思うかということには、鈍感なところがあります。

結婚当初、張り切ってオニオンスープを作るべく、玉ねぎを飴色になるまで火を通すという根気が必要な作業をしていたところ、夫が帰宅し、鼻を曲げるような顔をしました。私はくさいと思わなかったのですが、彼にとっては玉ねぎの臭いが耐えられなかったようです。

それ以来、夫の匂いの嗜好を知ってからというもの、仕方ないので、キュイジーヌのドアをぴっちり閉めて料理するようにしています。

ふだんはそれで大丈夫なのですが、コンテスたちをお招きしてのディナーのときなどは、夫は窓を開け、玄関でアロマ・キャンドルを灯して、臭い消しに躍起です。

そしてこのアロマ・キャンドルに関しても、夫も、コンテスたちも、こだわりがあってまあうるさいこと!

香りが強すぎてはダメ。

個性が尖っているのもダメ。

お線香風も教会みたいだからダメ。

夜にシトラス系というのは合わない。

薔薇系もうっとおしい……というように、香りに対する感度の高さには、目を見張るものがあります。


けれども、私が結婚する前に、初めてカトリーヌ邸を訪れたとき、一番圧倒されたのは、カトリーヌ邸に漂う香《かぐわ》しい空気だった、というのも事実。

あのとき、「空気と水はタダ、と言った時代もあったけれど、空気にさえ階級があったのか」とノックアウトされたのでした。

フランスの公共の場、たとえばメトロなどは、下水やら体臭やらが混じった異臭が漂っていることが多く、臭いの許容範囲が広い私でも、鼻を曲げることがあるほどで、それだけにカトリーヌ邸の空気の香しさは衝撃的でした。

カトリーヌのメゾン・ド・カンパーニュに滞在している秋の夕暮れどき、老舗香水ブランド、ディプティック社のアロマ・キャンドルの灯火から漂う香りに包まれていると、なんとも贅沢な気持ちになります。

また、冬の早朝、朝靄が立ち込める中、ランニングのためにシャトーを出ると、煙突から薪をくべる匂いが漂っていて、深呼吸すると、朝靄とともにその香ばしい空気が鼻腔を通る……そんなとき、なんともいえず満ちてくる思いがあります。

実は、視覚でとらえるものやエレガントな装いよりも、香りこそ、一番効き目あるエレガンス・ツールなのかもしれません。

CHAPITRE 2

La belle demeure　美しく住まうルール

LEÇON 8

美しいものを、すぐそばに。
Musée à la maison! 絵のある生活

結婚してからというもの、コンテスたちの見よう見まねで暮らしのエレガンスを会得しようと頑張っていますが、一つだけ（いや、もっとあるかな？）まねできないことがあります。

それは、家を芸術的に飾ること。

結婚当時のことです。新居のリノベーションも終わり、落ち着いたところで、義理の家族や親しい友人らを招いてホーム・ウォーミング・パーティを開きました。

このときのリノベーションでは、床のパルケ（フローリング）を修復し、壁は白一色ではあまりにも殺風景だという、インテリア・デザイナーのすすめに従って、一部色を加えてもらいました。なるほど、そうすることで、部屋に奥行きが出て、なかなかよいではないか、と満足していました。

ですが、義母カトリーヌは、内覧を終えるといつもの上品な笑顔で、

「で、どんな絵を飾られるの?」

と聞いてきました。

私が「は?」という顔をしていると、少し苛立った表情になり、

「あら、まだお決めになっていないのね。

それでは、なぜ、この壁の色に決められたの?

普通はここに飾りたい絵があって、それに合う色を探して壁を塗る、という順番でしょう?」

このカトリーヌの言葉に、目からウロコ。ああ、だから、カトリーヌ邸の絵画は部屋にしっくりフィットしているのか、と遅まきながら気づく次第でした。

私は恥ずかしながら、絵画といった美術については、全く音痴。クラシック音楽もバレエもダメ。フランスにいるのに宝の持ち腐れだと思うのですが、どうしても琴線に引っかかってこないのです。ですから、カトリーヌにこう言われても、チンプンカンプンもいいところでした。

ちょうどそのころ、結婚を機にフランスの貴族層の人たちと交わる中で気がついたことがありました。それは大概の方が、ピアノが弾けたり、クラシック音楽に造詣があったり、また絵画に関しても、「これはエコール・ド・パリ派ですね」と、的を射い

たコメントができるような教養を持っているということです。

これはやはり、知性、感性の問題であるとともに、育ちの問題もあるのでしょう。たとえば音楽であれば、子どものときから聴かされていた、もしくは長いこと楽器を習っていたので、ベートーベンとバッハの違いは曲を聴いただけでわかる、という。

絵画も然り。自分で絵を描く人であれば観点からして違うと思いますし、プリントやポスターではなく、本物の絵画が身近にある環境で育った人は、自然と目が肥えてくるのでしょう。

さて、貴族に嫁いだくせに、そんなこんなで芸術音痴の私ですが、義母カトリーヌから、次のようなアドバイスをもらっています。

部屋に絵を飾るときの心得

絵のある生活とそうでない生活では、豊かさが異なります。

絵を飾るには、次のようなコツがあるのよ。ぜひ挑戦してみてください。

一つ、飾りたい絵があるのなら、それを中心に部屋づくりをするくらいの心持

ちが必要。絵というものは描いた人の魂が入っているだけあって、飾ってみると存在感を発するもの。絵に合わせて、背景の壁の色から他の調度品の置き方など、細部に渡ってバランス・チェックしてください。

一つ、絵は大きければいい、小さければ邪魔にならない、そういうものではありません。大きいほうが壁に馴染んで邪魔にならないこともあれば、逆に圧迫感を与えてしまうこともあります。また、部屋に不釣り合いなほど小さいと、変に浮いてしまいます。壁にクギを打ち込む前に、シミュレーションして、よ〜く考えてみてください。

一つ、いくら名匠の作品、もしくは大好きな絵だとしても、あまりに赤裸々な図柄や、ギョッとするような色遣いの絵は気をつけることですよ。人の行き来がある部屋には、どぎまぎさせないような絵がふさわしいと思います。

一つ、部屋の格に合わせた絵を選んでください。絵だけ立派でも絵が浮きますし、逆に、エレガントな部屋なのに、プリントのイラストなどではガクッときますからね。

一つ、額縁は、絵と壁の仲介役です。多少値が張っても、作品と部屋、双方にふさわしいものを選ばれますように。

最後に、芸術には興味がない、という方へ、アドバイスをいたしましょう。部屋に絵や装飾品がない場合、カーテンや絨毯などに柄があるものを選ぶと、部屋の殺風景さが少し紛らわされます。

また、絵の代わりに家族の写真をこまめに飾るという手も使えますよ。ただ、写真というのも、A4サイズ以上の大きさになると、絵同様存在感を発揮しますので、お気をつけくださいませ。

CHAPITRE 2

La belle demeure 美しく住まうルール

LEÇON 9

時を刻んできたものを大切にして暮らす

コンテスたちをはじめ、貴族の多くは先祖代々の家具や絵画を引き継いで使う慣習があります。私もフランスに来て以来、さまざまなお宅を拝見する機会がありましたが、この慣習がゆえ、貴族の人々は、たとえ若い世代でもクラシックなインテリアを好む傾向があります。

一方そうでないクラスの人たちの好みは、ぐっとモダン。ルールにとらわれずに家づくりをしていて、自由なのです。新居に必要な家具は組み立て家具など機能性の高いものを好むことがほとんど。

貴族層はなぜ、面倒でも古いものを使いたがるのかというと、これも教養教育がゆえなのでしょう。

日本でも、「うちは〇×藩の出でして」と、代々引き継がれた家宝を奉り、自分のルーツに重きを置く人が多いように、フランスの貴族層でも、先祖の肖像画を飾ったり、先祖の逸話を伝承したり、と過去に対してリスペクトを持つように育てられます。そういう中で、この教育ゆえに、時を刻んだ家具などに対しても、大切にしよう、と思うのは、ごく自然の流れといえます。

　また幼いころより、

「このパルケの様式は何々時代のものだからそーっと歩いて」

「こういう大理石は○×世紀に△△から運ばれてきたものよ、硬いものを落とさないように気をつけて」

などと言われて育てられているので、ものの価値もよくわかっています。これも、古いものでもむやみに廃棄せず、修復して使おうとする理由の一つでしょう。


　さらに、調度品だけでなく、住まい自体の扱いにも、貴族層とそうでない層では大きな違いがあります。

　例を挙げて説明しましょう。

　以前、義姉アンクレールが住むアパルトマンの建物内に、偶然にも私の友人夫婦が新居を購入しました。

　この建物は20世紀初めに建てられた、パリの美しい街並をかたどるクラシックな「オスマニアン建築様式」です。フランスではこういった歴史的建物でも、普通に中古住宅として売買されています。その古さゆえ、大抵の場合、配管工事や部屋のレイアウトを変えるリノベーションが必要とされます。

アンクレールは友人より数年前に入居し、その際、台所とバスルームのリフォームをしたほかは、壁を塗り直すといった、メンテナンス工事のみ施しました。初めてお邪魔したときは、古い樫材のパルケや、天井に施された彫刻模様、そして重厚な大理石の暖炉などに時代感があって、そのシックな佇まいにため息を漏らしたものです。

一方、わが友人は夫婦共に金融業界で働く日仏カップル。リノベーションを終えたので遊びに来て、と招かれたときの驚愕は今でも覚えています。これがアンクレールと同じアパルトマンなのか、と信じられない思いでした。

パルケは、砂色のセラミックのような床材に変えられ、天井は照明を埋め込むべく、少し低く作り直されてラミネート加工されていました。そして暖炉に至っては、何と消えている！

「だって、パリ市では環境への配慮から暖炉の使用が禁止されたでしょ？　だったら要らないじゃない」

……まあ、それはそうなのですが。代わりに、アブストラクトな写真がドーンと飾られていましたっけ。その他も、液晶大画面が埋め込まれた広いサロン兼サラマンジュエリアがあって、壁を壊して作られたキュイジーヌ・アメリカンへと続きます。そして奥の寝室エリアへ行くと「ここは壁を作って部屋数を増やしたの」という不思議な形の寝室があるのでした。

お宅拝見を終えるころには、アンクレール宅を通してリノベーション前の姿を知っているだけに、「アパルトマンが泣いている」ように感じました。その昔、著名な建築家が使いやすさや様式美を考えて施されたインテリアが、無理矢理、乱暴に上塗りされてしまったように思われたのです。

でも、本人たちは大満足でしたから、もちろん、それが何より大切なこと。「新居、おめでとう！」とお祝いしました。

自分のセンスを信じて、何もかもを自由に選ぶのは、難しい

今はこのようなウンチクを述べる私も、独身時代まではこの友人同様、自由派でした。引っ越しした回数は片手に収まらず、そのたびに、自分の好きなように部屋づくりをしてきました。

でも、その経験から「自由」の難しさにも、気づかされていました。

自由に自分の好みを盛り込んで部屋づくりをしてみたのに、でき上がりはなんだかとてもつまらなくてガックリ、ということを何回も経験したのです。

それらの苦い経験から学んだのは、自分はセンスがないということ。

とくに日本人の暮らし方は、「寝るのはベッド派だけど、床に座るのが好き」というように、日本独特の習慣と西洋の生活様式が混ざっています。いいとこ取りをしているつもりだったけれど、でき上がってみるとちぐはぐだったのです。

こういう経緯から、コンテス家の嫁になってからは、郷に入れば郷に従え、貴族層の人々のように、あるものを大切に活用する、という価値観を引き継いで家づくりを心がけてきました。

古ぼけた家具、床素材なども、手入れすると、新品にはない深い輝きがよみがえります。そうなると、もう恋に落ちたも同然。愛着が湧いてしまって、少々の不具合、不都合など気にならなくなるのです。

また、既存のものの中で自分らしさを出すほうが、すべてを壊して1から自分らしく作り直すより間違いが少ないことを学びました。

それに、むやみに捨てない、買わない、というのも、エコと節約双方の観点から見てありがたいことです。

これは、この章の冒頭でカトリーヌが言っていた、「丁寧に暮らす」という美意識の一例なのでしょう。

引っ越し、リノベーション、模様替えをお考えのときは、今あるものをとことん使うことを再考してみても、いいのではないでしょうか。

さて、前述の友人の話。なんと、あのあと、何年もしないうちに、アパルトマンを売却したというのです。

「だって、住みにくいんだもん。あと、なんか飽きちゃったんだよね。でも今度の家は、なんにも工事しなくていいところにした」

……ですって！

COMTESSE CAFÉ

クラシックって何？　ルイ15世VSルイ16世

貴族層好みの「クラシックな家具」というのは、主に「ルイ・キャーンズ」と「ルイ・セーズ」様式のことを指します。

ルイ・キャーンズとは、ルイ15世のこと。愛に奔放に生きたと言われるフランス国王ルイ15世。彼の治世は猫足（弓なりの足）が特徴のデコラティブな家具が主流でした。そこで、フランスではこのロココ風スタイルのことを「ルイ・キャーンズ」と呼ぶのです。

一方、ルイ・セーズとは、フランス革命で処刑されたルイ16世のこと。この悲劇の王のころには、華美だった様式が洗練され、たとえば椅子の脚は猫足ではなくまっすぐな脚に取って代わられました。このネオクラシック風スタイルのことを「ルイ・セーズ」と呼ぶのです。

ちなみにカトリーヌのパリのアパルトマンは、直線的な建築なので、デコラティブなルイ・キャーンズで、別荘は19世紀築のシャトーですから、「箱」事体がデコラティブ。そこで調度品は、ストレートなルイ・セーズにしたとのこと。

「家具やオブジェの個性の強弱、そして家族が心地よいと感じるバランス・ポイントを見極めることが大切です。

たとえば、当家のパリのサロンなど、壁を白に統一して、家具もモダンなものを入れたら、『スッキリして素敵』、と感じる人もいれば、『殺風景』と感じる人もいるでしょう。当家は、夫が重厚な雰囲気を好むので、壁には、シックなボルドー色のジャガード織を布張りし、家具は代々引き継いできたルイ・キャーンズを置きました。でもあまりゴテゴテすると息苦しいので、カーテンや壁は模様のない、プレーンなものにしてバランスを取っていますの。

一方、メゾン・ド・カンパーニュは、19世紀の空気に自分を浸したくて行くところですから、デコラティブなものは邪魔。だからといって、何もしないと、シャトーなんてものはお化け屋敷みたいになりますから、家具はスッキリめのルイ・セーズ、そしてサロン（居間）、サラマンジェ（食堂）、ビビリオテック（図書室）はそれぞれテーマを決め、直線的なデコレーション、寝室は青、ローズ、黄色など部屋の色を決めてその色に合った装飾にしました」

とのこと。なんだか壮大な内装論ですね！

LEÇON 10

家も、部屋も、大人中心でつくり上げる

住まいの章も、終わりに近づいてまいりました。

もうお気づきかもしれませんが、コンテスたちは、大人を中心として考えて、家も、部屋も、つくります。

これは、「クラス」に関係ない現象とも言えます。フランスは大人中心の社会であり、大抵の住宅の間取りもそれを反映しているのです。この傾向は古い建物において顕著で、両親用のマスターベッドルームは潤沢な広さがあるのに対し、子ども用の寝室は極端に小さく、間取り格差とでも言うべき設計となっています。

そして、子どもの服を決めるのが親なら、子どもの部屋のデコレーションを決めるのも親、というのが、コンテスたちの流儀。

義姉のアンクレール邸の子ども用の寝室を見てみると、狭い部屋ながらとてもシックです。内装美学の祖といわれるウィリアム・モリスの壁紙が、職人さんの手できち

っと貼られていて、落ち着いた美しさをかもし出しています。

そして、その壁には、いぶし金縁の額に囲われたセピア色のプリントが収まっています。よく見ると、ジュール・ヴェルヌ作「八十日間世界一周」の挿絵である気球のイラストです。夜、こんな素敵なイラストを見ながら寝落ちしたなら、さぞかし楽しい夢を見られるだろうな、と笑みが漏れてしまいます。

とにかくセンスよくまとめられていて、枕元に置かれたババールのぬいぐるみまでお品がよく見えてしまうという。

一方、貴族層ではないパリジェンヌのママ友の子ども部屋。壁の色は子ども自身に選ばせてあげたそう。どれどれと拝見すると、パンチが効いたピンク一色の壁です。ちなみにお兄ちゃんの部屋は紫、弟君の部屋は、雲が浮かぶ水色です。

「この紫、すごいでしょう。前はまっ黒の壁に蛍光で光る星を散らばせていたのよ」

とママ友も苦笑いしています。まあ楽しそうでよいと思うのですが、やはり、アンクレール邸のシックな子ども部屋のほうに心がつかまれます。何かほっとするものがあるのです。もちろん、内装はアンクレールが決めたそう。

「壁の色？　あの子たちに選ばせたらどんなことになるやら。

ここはわたくしの家ですから、そんなことさせないわ。

子どもが好きな色を重視するのではなく、気持ちが落ち着く、休まる色、雰囲気づくりを心がけています」
専制的なのか、それとも子どものことを思いやっているのか……微妙なところです。

この、コンテスたちの大人中心主義に関しては、私の考えも紆余曲折がありました。自分の子どもが生まれたころなどは、ずいぶん横暴だな、と感じたものです。これも日本の不動産企業のコマーシャルなどで「家族みんなの家」という概念を刷り込まれて育ったからかもしれません。

今は、というと、コンテスたちの大人ありきという考え方も悪くないのでは、と思うようになりました。

まず、大人中心の家だと、インテリアも自分のテイストで統一できる、という利点があります。また子どものための場所はしっかり（たとえ狭くとも！）つくってあげたなら、サロンやサラマンジェといったエリアは大人優先のデコレーション、それでよいと思うのです。「みんなの家」とはいえ、家賃を払う、あるいはローンを返しているのは親ですからね！

そしてもう一つの利点。それは、教育の意味でも大人中心の家づくりはポジティブな面が多いのではないか、ということ。その一つに、**子どもは、親の審美眼で選んだインテリアの中に身を置いて、大人の美的センスを養えるということがあります。**

色や形、絵画、音楽……本物のエレガンス教育を求めるのでしたら、子ども中心ではなく、大人の美的センスを身につけさせたいところ。その観点から、大人中心、というのは悪くないかも?

また、義姉アンクレールが「ここは親の家」と断言するように、そういう家で育つと、子どもも、いつかはここから巣立たなくてはならない、ということを無意識に感じて、自然と自立ということを考えるようになるのではないでしょうか? いつまでもすねをかじられては困りますものね。

そして最後の利点は、大人仕様の家のほうが、親はリラックスして仕事で疲れた身体をしっかり休めることができるという点。親ハッピー=子どもハッピーというのは本当のことですからね。

ちなみに、アンクレールのマスター・ベッドルームは間取りが広いだけではなく、「わたくし、眠りが浅くて、小さな物音で目が覚めてしまうから」と、子ども部屋から離れた一番静かなところにあります。小学生まで添い寝するという家庭もある日本では、考えられないことかもしれませんね。

LEÇON 11

徹底的に磨き上げる掃除のすすめ

日本に住んだことのあるフランス人は、口々に日本の素晴らしさを称えます。文化や自然の豊かさはもとより、時間に正確なこと、サービスがきめ細やかなこと……。ここまでは私もうんうんとうなずきながら聞いています。でも、

「日本人のきれい好きなこと！　フランスと比較にならない」

と言われると、Mais《いやぁ》……必ずしもそうではない、と口を挟みたくなるのです。

「あなた、謙遜も程々にして。パリの歩道を見なさいよ。犬の落とし物だらけじゃない。メトロを見てご覧なさいよ。ボロ車両にシミだらけの座席が異臭を放っているじゃない。こんなの日本だったらあり得ないでしょう?」

と興奮気味に反論されるのは覚悟の上です。

確かに、日本人は自分自身の身体と公共の場においてはきれい好きだと思います。

けれども、家の中の美しさに関しては、フランスのほうが勝ち、かもしれません。

理由の一つは、「家政婦さん文化」にあります。

フランスではその昔、お金持ちでなくとも、普通に家政婦や乳母を雇っていた時代がありました。背景には、旧植民地や、東欧の国々から安い労働力が流れ込んでいた、ということがあります。今は事情も変わり、こういう家政婦さんの給与も決して安くはないのですが、フランスは共働きが主流の国。30～50歳の女性の80％以上が就業しているので、昔ほどではないとはいえ、家事・育児を外部に委託する家庭が多いのです。

わがコンテスたちも、パリではこのようなプロの方たちに掃除を委託しつつも、日によって、あるいは田舎での滞在やバカンスの間などには、自ら掃除・洗濯をします。そんな彼女たちの家事の完成度を見ると、**なるほど、プロによって掃除されている家で育つと、掃除の仕上がり時の「きれい」の尺度が変わってくるのか、と感心しきり。**

たとえば田舎の別荘で食事のあとに片付けをするときの、完璧さといったら！

キュイジーヌ（台所）は、レンジに油のはねなど一切なく、流し、蛇口も磨いて、さらに乾いたトーション（布巾）で水垢を残さないように拭き取ります。

汚れ物は水につけ、ブラシでサッと大きな汚れを落とし、次はスポンジで丁寧に裏表を洗います。スポンジは1回使うごとに水の中でキュッキュッと泡を絞り出し、ばい菌をため込みません。洗い上がったものは軽く水を切ってから、すぐ乾いたトーションで拭き取る。**その過程も、一つひとつの動きが丁寧で、美しいこと！　感動すら覚えます。**

洗濯物は、タオルや下着もアイロンをかけ、ホテル顔負けの均一さで畳み、棚にしまいます。

サロンでは、ホコリをはたき、ソファーや肘かけ椅子のクッションを整え、テーブルの上に本を出しっぱなしになどしません。

バスルームも、髪の毛1本落ちてなく、毎回、バスタブ、シンク、シャワーカーテン代わりの透明な仕切りも水滴を拭き取りますから、湯垢・水垢・赤カビ・黒カビとは無縁なのです。

強いていえば、唯一、床掃除だけは、ささっと掃いて終わらせる程度です。それなら私が、と、雑巾がけをしようとしたら、

「まああなた、そんなことは結構よ」

と慌てて止められました。後々わかりましたが、貴族層ならずとも、フランス人は床にひざまずいて掃除することに抵抗があるようです。私たち日本人と違って、土足

で、椅子生活ですから、床というものは直接触るようなものではないという認識があるのでしょう。

また感動するのは、大人たちだけでなく、姪っ子、甥っ子たちも率先して掃除に参加するところ。わが愚息たちですら田舎の家では、「イヤだ、メンドクサー」などと甘えたことを言わせない雰囲気に呑まれ、慌ててお手伝いしています。私が姪っ子の年頃のときは、片付けなどそれこそ面倒くさくて、親に命じられると、ふてくされた顔で渋々腰を上げたものです。いやあ、育ちってこういうことなのね、と若き日の自分を恥じ入ったりします。

男性陣も、お皿を下げたり、椅子を片付けたり、と積極的に動きます。男子も、紳士とはそうあるべきだ、と教育を受けてきたのでしょう。

コンテスたちが掃除をし終えたあとの部屋の美しさにはため息が出ます。

先ほどまで大賑わいだったキュイジーヌは、脂たっぷりのロティを調理したあとや、デザートのチョコレートムース作りの形跡は全くなく、シーンと静まりかえっています。唯一、お皿を拭いて濡れたトーションだけが、先ほどまできびきびとコンテスたちが働いていた証です。

お昼にはクリスタルのグラスや美味しい料理が並んでいた食卓も、今は花瓶が残されているだけ。小手毬やアイリスがその中で佇んでいます。

階段を上がった踊り場には、何世代にも渡ってこの場所に存在する大きな箪笥があり、その中には丁寧にアイロンをあてられ、キチッと積まれたタオルやリネンたちがやさしい色のグラデーションをかもし出しています。

サロンのソファーでは、夕方、森の散策で冷えた身体を休めに来るコンテスたちを、形を整えられたふかふかのクッションが待っています。

どのシーンにも、コンテスたちがその美しい手で丁寧に掃除したぬくもりを感じるのです。

掃除って美しい。

コンテスたちの掃除の様子を見るようになってからというもの、がさつで怠けものの私も片付けが嫌いではなくなりました。

なぜなら、感性やその人となりは、コンテスたちに近づきたくともそう簡単にはいかないかもしれませんが、掃除に関して言えば、コンテスたちの見よう見まねをしただけで、十分成果が目に見え、自己満足に浸れますから……。

コンテスと同じように、アイロンのかかったエプロンを首にかけ、コンテスたちと同じように洗い物をします。いつもより少しだけきれいなキュイジーヌで食事の準備

をしていると、なんだか、一つひとつの
所作が、いつもよりエレガントになって
いることに気がつくのです。

COMTESSE CAFÉ

La Bonne Adresse《ラボンヌアドレス》
上流階級の人々の「ごひいきのアドレス」

パリは、おしゃれでグルメでエレガントな街。

日本におけるパリのイメージはこんな感じでしょうか。これもパリの一プロファイルとして間違いではないのですが、それだけではパリの全容を語っているとは言えません。パリという街は思いがけず複雑なのです。東京23区の約1／6という小さなスペースに、ブルジョワ、貴族、ボボ※、移民が、入り交じることなく、それぞれの場所に住みつくという、プラグマティックで乾いた一面も持っています。

では、コンテスたちが好むパリというのは、どのカルティエ（地区）なのか。

パリといえば、セーヌ川を境に左岸・右岸と、上下に分けて語られることが多かったのですが、昨今は、パリ中心部にあるルーブル美術館の辺りで、縦に二つ割りにしたほうが、住人の違いを反映しているように感じます。パリの西側は白人が多く、そしてブルジョワ層、東側は白人・有色人種混在でボボ、そんな印象です。

コンテスたちの住まいは、もちろん、西側にあり、それもパリの中でもとくにエレガントなエリア、7区にあります。

昔の7区は、多くの貴族が瀟洒な邸宅を構えて、それはエレガントな街並だったと言います。その後、貴族層の没落、地価高騰などから、この地に住み続ける貴族層は少なくなってきました。それでも、義母カトリーヌは、何があってもここから去るつもりはない、と宣言しています。


その他のパリ市内で、「クラス感のあるアドレス」とされるのは、7区に隣接する1区、6区、8区といった、パリの中心部にあたる地区です。パリは通りごとに個性があるので、パリジャン・パリジェンヌは区ではなく、「今日は○×通りに用事があってね」というふうに、エリア名ではなく、通り名で話を進めます。よって、このクラス感ある住所も、何区だからOK、というわけにはいかず、correct《コレクト》(ちゃんとした)な区の、correctな通りでないとダメなのです。

貴族層がcorrectな通りとして認めているのは、アンヴァリッド近くのCharles《シャルル》 Floquet《フーケ》通り、サンジェルマン・デ・プレのRaspail《ラスパイユ》大通りやBac《バック》通り、凱旋門に続くFoch大通りなど、地価が高いパリ市内でも超一級地ばかり。

パリ16区は高級住宅地として知られていますが、カトリーヌいわく、「16区は、（貴族ではなく）ブルジョワの街。シックなエリアもあるけれど、全体的にa la《アラ》 campagne《カンパーニュ》（田舎っぽい）」とのこと。16区はパリの西端にあり、私の目からすると十分洗練されたカルティエなのですが……。

最後に、コンテスたちのles bonnes adresses《レボンスアドレス》（ごひいきの場所）を伺いました。どれも邸宅風のミュゼです。

・ジャックマール＝アンドレ美術館（Musée Jacquemart-André）
158 Boulevard Haussmann, 75008 Paris

・マルモッタン・モネ美術館（Musée Marmottan Monet）
2 Rue Louis Boilly, 75016 Paris

・ウジェーヌ・ドラクロワ美術館（Musée National Eugène Delacroix）

6 Rue de Furstenberg, 75006 Paris

次回のパリへの旅は、ゆったりとスケジュールを組み、コンテスおすすめのエレガント・スポット巡りも織り込まれたらいかがでしょう。きっと心に残る旅になると思いますよ。

※ボボ
Bourgeois-bohème、:ブルジョワ・ボヘミアンの略で、高学歴、無宗教主義の富裕層という、現代のフランス中流階級を代表する人たち。

CHAPITRE 3

A la table de la comtesse

美しい食卓のルール

C'est la Comtesse quie parle

Bonjour, さあ、わたくしのサロンへどうぞ。

他の方たちと一緒にアペリティフを召し上がっていらっしゃい、もうすぐ準備ができますから。

日曜日の午餐会ですからね、ちょっと趣向をこらしていますのよ。

そんな、結構よ、いらしてすぐにお手伝いするなんて。

今日は家族だけの集まりですから、わたくしも気楽に料理を楽しんでいますの。

な～に？　今日は「食」について聞きたいのですって？

そうね、「食べ方でお里が知れる」と言われるほど、自分自身を露呈してしまうのが食卓での所作ですからね。

その他にも、ディナーの席での社交や、おもてなしについてなど、お話ししたいことはたくさんあります。

食べることは、人間として生きる上で欠かせない大切な営みですが、同時に動物的な行為でもあります。だからこそ、とくに美しさに重きを置き、食に向き合うことが大切です。

つまり、調理課程も、お料理そのものも、用いる食器やカトラリーも、その場の空間も、その食卓を囲む私たちも、美しくあるべきなのですよ。

では、お手伝いをしていただきながら、お話しするとしますか。

Allons y《アロンズィ》, à la《ラ》 cuisine《キュイジーヌ》!（さあ、キッチンに参りましょう）

LEÇON 1

なんでもない日も、特別な日も 食卓を丁寧に整える

「ねえ、いつもフランス料理を食べているの？」

これは、私が日本に帰るとよく聞かれる質問です。

この「フランス料理」とは、舌平目のムニエルといったバターをふんだんに使った料理がメインで、チーズがあって、デザートがあって……というコース料理のことだと思うのですが、毎回「まさか！」と大笑いで答えます。

わが家の食卓は和洋折衷のいい加減な料理ばかり。そしてフランス人も、日常の食事はシンプルです。時折、「今夜は何にするの？」とフランス人の友人らに聞くことがありますが、答えは大概、「パスタ」「スープ」「キッシュ」「ガレット（甘くないクレープ）」といった手軽な一品が多く、それも、共働き世帯がほとんどですから、この簡単なメニューすらも、冷凍食品やでき合いのものをあたためるだけだったりします。

では、コンテスたちはどうか、というと、食事の内容自体は、こういったシンプル料理の日もあります。

ただ、それでも、彼女たちの食卓には味気なさというものはありません。

いつもの食卓でも、テーブル・コーディネートが美しいというのが、その理由の一つでしょう。

別に、豪華なフラワーアレンジメントがあるとか、何か特別なデコレーションが施されているということではありません。**シックなテーブルクロスがあって、季節にふさわしい花が飾ってあり、燭台にはロウソクが灯っていて、ディナープレートとセルヴィエット（ナプキン）、そしてナイフとフォークが並べられている、という、それだけ。**それだけなのですが、それら一つひとつが上質で手入れされたものだから、豊かに見えるのでしょう。

✿それぞれのお料理を、ふさわしいお皿で、丁寧にサーヴする

エレガントに見えるもう一つの理由は、食事の仕方にあります。

フランスの一般家庭の冷蔵庫には、パテ、トマトや人参のサラダ、その他シャルキュルトリー（サラミやハム、リエットといった豚肉の加工食品）が常備されていて、それらが通常の日の前菜となったり、サンドウィッチの中身になったりします。

わが家などは、それらを適当にボウルや皿にざっと盛り、「食べたい人はどうぞ」と

いう感じでポンとテーブルに置いておきます。そして、その間、私はメインの料理を仕上げるというのが日常のリズムです。成長期の息子たちの食べるスピードが速いこともあり、食事時間は、とにかくせわしない！　そして私も、メインを食卓に載せたときから脱力してしまって、「サラダ、自分でよそってね」「チーズ、食べるなら、トレイを持ってきて」と強制的にセルフサービスでお願いしています。

それが、コンテスたちの食卓では、コンテスがそれぞれの常備菜に適したお皿を選び、丁寧に盛りつけるので、見映えがすること！　「同じ人参サラダでもこんなに美味しそうに盛ることができるんだ」と毎回感動すら覚えます。そして、食卓につくみなが前菜をゆっくりと食べ終え、一呼吸置いたころに、前菜と同じように美しく盛りつけられ、熱々にあたためられたメインが出され、またゆっくりと味わい、その後は、フロマージュを少し、そして果物をいただきます。

食後のデザートは、フロマージュブランという濃厚なヨーグルト風の乳製品だったりしますが、それらもただ単にパックでポンと出されるのではなく、お皿に載せられて食卓に上ります。それに白いお砂糖をパラパラとかけて、銀のスプーンですくっていただく。こんなシンプルなデザートなのに、とても美味しく感じられるのはなぜなんだろう、と魔法にかけられた気持ちになります。

このようにシンプルですが、コースという形に則って、きちんとしたお皿を使いながら食事をすると、怠けモノの私などは、洗い物が増えるし、しまうのが面倒くさい、などと思ってしまうのですが、コンテスたちは違います。

いえ、たとえそう思っていたとしても、そんな様子は微塵もなく、ゆっくりと時間を取り、会話を交わしながら食事を摂る。その姿のエレガントなこと。

特別なことはない、といっても、やはり豊かさは丁寧な習慣から生まれるということが、よくわかります。

この章の最初は、エレガンスを生み出すテーブル・セッティングについて、一つひとつ説いてまいりましょう。

LEÇON 2

L'art de la table
何はなくとも、テーブルクロスからはじめましょう

ところで、みなさんは、ふだんの食卓に何か敷きますか？　テーブルの材質にもよりますが、直接お皿を並べますか？　それともお膳風のトレイやランチョンマットを使われますか？　それとも……？

フランスでは、テーブルクロスを敷くのがスタンダードです。手軽なランチョンマットではなくて、テーブルクロスなのです。

テーブルクロスのほうが種類も数も多く、屋外マルシェでもよく売られていますし、デパートや専門店では、夏冬の一斉セール時以外にも、「ソルド・ドュ・ブラン（白のセール）」と言って、タオルやリネン類のセールがあり、そこにテーブルクロスが、ずらーっと並びます。お店の品ぞろえを見ると、ビニールコーティングされているもの、撥水加工がされているもの、庭のテーブル用と思われる南仏プロバンス模様などカジュアルなものから、高価なダマスク・クロスのものなどチョイスは豊富です。

私などはテーブルクロスなんて、すぐ汚してしまうので、ランチョンマットで十分

だと思ってしまうのですが、コンテスたちのお宅に伺うたびに、そういう怠けた考え方がエレガンスを遠ざけるのだ、と反省させられます。

たとえば、義母カトリーヌ。

先日は家族だけで午餐会を催しました。そういうときの準備では、何よりも先にテーブルクロスを替えるところから手をつけます。すでに敷いてあったクロスも、汚れなどなく素敵だったのですが……。

「『そのままでもいいのでは』ですか？

いえいえ、これが肝心なのです。

それに週末はいつもクロスを替えるようにしていますのよ。

週末はふだんの日と違いますでしょ？

何かウキウキするものではないですか。それを演出したいのです」

そう言いながら、まず、テーブルに「下地パッド」を敷きます。

このパッドは、少し厚手の、フェルトのような生地でできていて、テーブルをきっちり覆うように作られています。この上にテーブルクロスを広げると、クロスが滑らず、ドレープもきれいに出ます。そしてお皿やグラスを置いたときの安定感もよく、また、テーブルのプロテクションにもなるので、グラスが倒れたときに割れてしまうことも少なく、影の立役者。カトリーヌは、ピッタリのサイズが見つからないからと、自分で下地パッドを作るほど愛用しています。

そしてテーブルクロス。素材は麻が一番とされ、そうでなければ、綿が好まれます。クロスの織り方は花や植物のモチーフを織り込んだダマスク織が格が高いとされます。クロスについて、カトリーヌのアドバイスは、

「食卓に敷くものですから、清潔感があるもの、お皿や料理の邪魔にならないような控えめな色、柄をおすすめします。

麻や綿は洗濯とアイロンが面倒？

それならランチョンマットという手もあります。素敵なデザインをお選びになったらよろしいのでは？

とにかく、ビニール加工のクロスはおやめになって、あれは、テーブルの保護にはなるかもしれませんが、見る人使う人の心を寂しくします」

……拙宅のビニールクロス、帰ったら外そう、と心の中で誓った私でした。

ピシリと決まったテーブルクロスから美しい食卓が始まる

さて、この午餐会のテーブルクロスは、家族の集まりだからと、カトリーヌは白い紋章入りのクロスを広げました。素材はもちろん麻です。

さらに、カトリーヌはその上からアイロンをかけます。もちろん、クロスは既にきれいにアイロンがかけられているのですが、折り目が気になるので、広げたあとに、もう一度、軽くアイロンをかけるという入念さなのです。

シワ一つないテーブルを見て、満足げに、うん、とうなずいて、カトリーヌは言います。

「これはわたくしの『儀式』。

テーブルクロスを替えるのは、週末が始まる土曜日、そして1週間が始まる月曜日、そしてお客様をお迎えするときです。

ハレのときも大切ですし、そうでないふだんの日も、同じくらい大切。

戸棚から、今日はどのテーブルクロスにしようかしら、と選ぶ。

そしてそれをバッと広げる。まずは手できれいに伸ばしバランスを確認する。

よし、と納得したら、ゆっくりと低温のアイロンをあてる……。

この作業を終え、腰を伸ばして、ふーっと深呼吸をして、シワ一つなくなったテーブルを眺めるときの気持ちのよいこと！

この儀式を経て、ようやくこれから始まる時間への期待に胸が少し膨らむのです。

わたくし、自分のお化粧は適当ですが、テーブルのお手入れは、このように下地パッドを敷き、シワを伸ばしてと念入りなのです。

こういう見えないところにも気を遣うことで、テーブルの見映えがランクアップし、物持ちもよくなりますのよ」

CHAPITRE 3

A la table de la comtesse　美しい食卓のルール

LEÇON 3

ディナーセットを十分に持っておくと、心にゆとりが生まれる

さて、毎日の食器と、おもてなし用の食器を分けるかどうかは、悩みどころですね。

私は、ふだん使いとおもてなし用の使い分けはしない派です。

なぜかというと、収納場所がないのです！　何しろ、日本のディナーセットの2倍、もし5枚セットであれば、3倍以上の枚数を一気に買ってしまったという……。

なぜそんなに買ってしまったかというと、義母カトリーヌの進言があったから。

結婚する前、ディナーセットを買うというときに、義母カトリーヌから、

「16人分そろえるのよ、もちろん！」

と言われた（命じられた）ときは、目が点になりました。

なぜそんなに必要かというと……、

「普通のディナーであれば、8〜12人くらい招くので、コースの中でお皿を替えることも考えると、少なくとも倍はあったほうがいいでしょう。まあねえ、とはいえ、わたくしのときは24人分そろえたものですが、今の時代は、そこまでしなくてもいいで

しょう。家でのディナーで魚と肉料理を両方出すことも稀でしょうし、違う皿を混ぜて使うのも目に楽しいから、ダウンサイズして大丈夫」

と、はじき出された数が16人分だったのです。

必要なお皿の種類は、ディナー皿、デザート皿、パン皿、スープ皿が各々16枚、あとは、サラダボウル、スープボウル、大皿を2、3枚。ティーカップ&ソーサーとデミタスカップ&ソーサーは別に同じシリーズでなくてもよし、ということでした。

当時はまだフランスの慣習も知らず、旧家に入るということでビクビクしていましたから、その総額にクラクラしながらも、素直に16枚ずつそろえたのでした。

そして15年経った今……そんなに後悔はしていません。

16枚あってよかったと思う最大の理由は、心のゆとりを与えてもらっているから。

ふだんの食事のときも、予備がありますから、割ったらどうしようなどとピリピリせずに使うことができます。それに日本ではマグカップで飲んでいたコーンスープも、リモージュ焼きのディナー皿にスープ皿を重ねて注いでいただくと、まるでレストランのスープみたいに美味しく感じられるのです。

朝食も、昔は100円均一で買った手頃な小皿などを使っていましたが、今はデザート皿を使っています。ただのスクランブルエッグとトーストがぐっと美味しく感じ

られるのは、フランスの豊潤な食材のおかげだけではないでしょう。

もちろん、お客様を迎えての食事のときも、お皿が潤沢にある、というのはこんなに余裕を感じさせてくれるものなのか、とはお皿持ちになってから知ったことです。「洗わないと足りなくなるんじゃないか」とか、「バックアップに紙皿用意しようか」などと心配する必要がないというのは、小さなことのようでいて、大きな違いを生みます。

また、立食パーティや子どものためのパーティのときでも、ちぐはぐなお皿や紙皿ではなく、統一されたお皿でおもてなしすると、パーティ・ルームを見渡したときなど、見た目も美しく、「格」が上がることも、この16枚のおかげで知りました。

「収納場所がない」と冒頭で言いましたが、ふだん使いとおもてなし用を一本化したので、ブッフェ（食器棚）の中はスッキリ。また洋皿は重ねることができるので、思ったほどは収納の場所を取らない、というのも発見でした。

では、お皿をそろえる際の注意点を、カトリーヌに教えてもらいましょう。

ディナーセットは陶磁器がおすすめ

今の食器やお皿の見直しをされたい、あるいはふだん使い専用の器に愛着がないのであれば、この際処分され、新たにディナー皿とデザート皿だけでも、多めにそろえてみたらいかがでしょう。ブランドにこだわる必要などありません（時々、お皿をひっくり返してブランドをチェックする人がいますが、あれがタブーなことは言わずもがなですよ）。**ブランドよりも、飽きのこないデザインであることのほうが、日々の暮らしの中でずっと重要ですし、心に潤いをもたらしてくれるはずです。**

また、できれば陶磁器をおすすめします。というのも、見た目の透明感がエレガントなだけでなく、とっても丈夫なのです。

LEÇON 4

口に直接あたるカトラリーは、老舗メゾンによる上質なものを

コンテスたちとの食事で、銀のカトラリー（ナイフとフォーク）の素晴らしさを痛感してからというもの、その感触にやみつきになり、わが家でも、ついにこのたび、新しいカトラリーに替えることにしました。

銀のフォークの、そのほどよい重みや、口にあたったときのひんやりとした感触といったら！　そして、最近気づいたのですが、クラシックなスタイルのフォークは、今どきのものよりも規格が大きく、口元に持っていくと、その対比から口が小さく見え、エレガントな印象を与えるのです。

とはいえ、わが家で銀のカトラリーというのは無理があったので、ステンレスはステンレスでも、きちんとしたメゾンのものに替えようと決意した次第です。

このことについて、叔母のエステルに話すと、奮って教えてくれました。

毎日の食事が、甘美な喜びのひと時に！

カトラリーは、老舗メゾンのものがやはりおすすめね。

老舗は、美的観点を知りつくして作っていますから。

たとえばこのデセール（デザート用）のフォシェット（フォーク）も、計算しつくしたサイズ、フォルムですのよ。クリームやショコラがついたフォシェットの先端を口に含んだときの、なんとも言えない繊細かつ甘美な感触！　こういった、視覚、味覚だけでない五感でとらえたすべてが品格というものを生むのです。

カトラリーをそろえる際、メイン用のナイフとフォークは少しがっしり目で、持ってみたときに手にフィットするものをおすすめします。

デザート用のナイフ&フォークもセットでそろえてくださいね。デザート用のカトラリーとは、コーヒースプーンのような小さなもののことではありませんよ。メイン用のものに準じた大きさのものです。**この大きさのナイフとフォークは意外と出番が多いので、あると便利ですよ。**

ナイフとフォーク、小さなことのようですが、ご自身の、そしてご家族の毎日の食事が少し特別なものになることを保証しますよ。

そうそう、もし銀のカトラリーをお持ちでしたら、ぜひふだんからお使いになってください。銀は磨くのが面倒ですが、そんなに頻繁にする必要はありませんし、使っても減るものではありません。宝の持ち腐れになりませぬよう。

＊

さて、お次は食事のマナーについて。一般的な食事のマナーはご存じでしょうから、間違いやすいナイフとフォークの使い方についてのみ、義母カトリーヌにリストアップしてもらいました。

「食べる」行為を品よく見せるカトラリーの使い方

食べ物を口に運ぶという野蛮な行為を美しく見せられれば、それこそエレガントな存在にぐっと近づいたと言えてよ。では、よくお見受けする間違いについて。

・フォアグラを召し上がるときは、ナイフを使いません。フォークで一口分切って、添えてあるパンに載せていただくこと。

・サラダも、ナイフを使いません。フォークでサラダ菜を畳んで、口に運ぶこと。

・一方、チーズはフォークを使いません。ナイフで切ってパンに乗せて食べるのが正解です。

・スプーンを使うのはスープだけです。アイスクリームも、本来はフォークで食べるものとされています。どのカトラリーを使ったらよいのか自信がないときは、周りを見て、まねするといいでしょう。

ナイフとフォークの話が出たついでに、品よく食べるコツもお伝えしましょう。

・肉、魚料理をいただくときは、**召し上がる分を小さめの1cm角程度にすると、口に運んだときにお上品に見えます。**時折男性など、スライスされたローストをペロンと一口で召し上がる方がいらっしゃいますが、あれは大ひんしゅく！小さく切って、しっかり味わってください。

・この「少しずつ口に運ぶ」というルールは、スープでも適用されます。**スープはスプーンに並々と満たして口に運ぶのではなく、スプーンをスープに3分の1程度浸すイメージですくってください。**そして、そのスプーンを口の中まで運び、スープを口の奥に流し込む。時折、スプーンの先を口に付け、啜るように召し上がる方がいますが、あれはいただけません。フーフーと冷ますのも×。もしスープが熱すぎるのであれば、冷めるのを待って召し上がってください。

・フランスのテーブルマナーでは、**両手がテーブル上に見えることが正解。**片手が空いているときは、軽く握った拳をテーブルにそっと置いてください。

・**召し上がるときは口をお皿に近づけるのではなく、フォークを口に運ぶこと。**

また、食べるときになると猫背になり、顔をお皿へ持っていく方をよく見かけます。召し上がるときは、上半身、背筋を伸ばしたまま、軽く前方にかたむけ、フォークを口に持っていく。こうすれば、仮に少しこぼしても、服やテーブルを汚すことなく、かつエレガントに映ります。

・日本では、男子の場合はお椀を持ってご飯をかき込むように食べても「男の子らしい」と許されるそうですわね。でも、どの国であっても、それをしてしまっては、育ちを疑われると思います。**男子も男性も、ゆっくり、少しずつ召し上がってください。**

LEÇON
5

Fleurs, Fleurs, Fleurs!!
いつも花を絶やさずに！

「いつも花を絶やさずに！」

伯爵家に嫁いでからというもの、コンテスたちに、幾度となく言われたでしょう。

言うは易し、だけど、実際には、花を買う時間もなければ、そんな予算も取れないし、面倒くさい、と思ったものです。

残念ながら、今も「いつも」は無理。週に1回は、マルシェで花を買うように心がけていますが、花によっては、次の週末までもたないこともあれば、マルシェに行けない週末もあったりで、達成率は70%というところでしょうか。

この程度の私なのですが、それでも「花を絶やさず」に近づくことができるようになったのは、叔母エステルの影響があります。

少し前、エステル邸に近いところで仕事をしていたことがあり、それならば、「時々お昼を一緒に食べましょう」ということになりました。

エステルは長いこと一人暮らしをしているので、自宅に人を招くことはほとんどありませんから、大抵はレストランで落ち合っていました。

けれども秋になると、週末にメゾン・ド・カンパーニュに行ったエステルが、「ポタジェで美味しいアーティチョークができた」とか「森にセップ茸がわんさか」などと言って、特別な収穫をパリに持ち帰ってきてくれることがあります。そういうときは、エステルのお宅にお邪魔してお昼をいただくことに。「おもてなしはなしよ。だからあなたも手ぶらでいらしてね」というカジュアルなお招きです。

エステル邸は、こじんまりとした大きさのアパルトマンですが、サロンには美しく、愛らしい小物がたくさんあって楽しいことは、すでに書きましたっけ。サラマンジェ（食堂）もサロン同様に小さめですが、エステルの好みで選ばれた調度品が、壁やブッフェ（食器棚）の中に飾られていて、とても素敵です。

「おもてなしはなし」と言っても、食堂の4人がけのテーブルには、いつもシミ一つ、シワ一つないテーブルクロスがかかっていて、真ん中にはカボチャのように丸みがあってズシリとした花瓶に挿されたブーケが置かれています。

色鮮やかな花がやわらかそうな花弁を広げていたり、ぷりんぷりんとしたつぼみが今にもほころびそうだったり。いつ伺っても、季節の新鮮な花が、新鮮な空気を放っているのです。

エステルは私が台所でお手伝いすることを好まないので、テーブルについて、お料理が運ばれてくるのを待っているときなど、この花たちと向き合って、なんとなく「会話」していたものです。

こんなことを言うと、私がまるで花が大好きで、ちょっと夢見がちなタイプかと思われそうですが、どちらかというと逆。花を愛でる気持ちというか、余裕を持ったことはないに近い私です。それでも、エステルの食卓の花たちは、生き生きとしていて、「あなた、きれいね」とか、「もうすぐ咲くのね」などというように、交流したくなるものがありました。

ある日エステルが、花を飾ることについて、教えてくれました。

生鮮な花のエネルギーをいただくつもりで活ければよし

わたくし、花は絶やしませんの。

ご存じのように、わたくしは、一人暮らしでしょう?

絵や小物たちも気持ちを楽しくさせてくれますが、やっぱり生きているものから得るパワーというのには敵いません。

食卓用の花を活けるコツ?

そうねえ。花は、テーブルの上に置くものですから、あまり背が高くないほうがよいでしょう。花を切るときは、葉や、緑をうまく再利用できるようにするとよいですよ。こうするとボリュームも出せて一石二鳥です。

あとは自由に活けたらいいと思います。

毎日の花というのは、お客さまに見せるためのものでもありませんから、ご自分が好きなように活ければよいのです。

わたくしは、花の枝振りをよ〜く見て、花に「あなた、どう見せて欲しいの？」と心の中で問いかけていますの。

すると、花の特長が見えてくるのです。また大きめの花は、やや下方にくるように挿すと落ち着きますよ。

＊

この話を聞いた当時は、エステルの「花がパワーを与えてくれる」という言葉に、あまりピンとこなかったのですが、40代にさしかかった辺りから、その感覚が自分の中にも芽生えるようになりました。

若くて自分の中に元気の素がいっぱいのときは、花のエネルギーを受信できませんでした。それが、歳を重ねていくにつれて、花のみずみずしさに生命を感じたり、花が散るまで咲き続ける姿に、私も頑張ろうと思ったりするようになったのです。
エステルは、花というものを、単なる装飾品としてだけでなく、生きているものとして見ているのです。気分が沈んでいるときは、励ましてくれる友人として、忙しい週末が予定されているときは、一緒に食卓を盛り上げる相棒として、そんなふうに花のことを考えているのです。

花は、テーブルを飾るためではなく、「自分」のために飾る。
自分のために、花を買う。

豊かさとは、「自分のために」という目的の持ち方から始まるのですね。

CHAPITRE 3

A la table de la comtesse 美しい食卓のルール

LEÇON 6

テーブル・デコレーションの「やりすぎ」は禁物

フランスの食卓に欠かせないものの一つにセルヴィエット（ナプキン）があります。

これは、膝に載せたり、衿元からぶら下げたりする、ハンカチより一回り大きめのナプキンのことです。日本でもレストランで見かけるものですが、フランスでは食事をするときに欠かせないものとされています。

先日、コンテスたちを拙宅に招いたときに、このセルヴィエットを扇や王冠の形に折り、それをお皿の上に載せてみたのですが……、

「あらまあ、豪華客船の食堂みたいね」

と、一見褒めているようで、含みがあるコメント。

そう、セルヴィエットは脇役ですから、その役に徹すべきだ、というのがコンテスたちの意見だったのです。

それ以来、気をつけて見ると、貴族層の人たちのお宅でのディナーや星付きのシックなレストランでは、セルヴィエットは長方形に畳まれ、静かにお皿の左側に置かれ

ています。やはり一流の場所では、脇役が出しゃばらないようです。

また、先日、日本に一時帰国した際、とあるデパートの洋食器売り場でテーブル・デコレーションがディスプレーされていました。

色を変えて重ねて広げられたオーガンジーのクロスの上には、ドライと生花を使った斬新で大きなアレンジメントがあり、テーブルのそこかしこに花をかたどったキャンドルが散らばっていて、とてもデコラティブ。そして、アミューズが盛られた小さなお皿の下には、皿が2枚、3枚と重ねられていました。

一見素敵に見えたので、写真を撮り、話の種に、義母カトリーヌに見せたところ……、目を回して呆れられ、次のようにダメ出しされてしまったのです。

本来の目的を達成できないテーブル・セッティングは無意味！

テーブルを美しくしたい、というのは、よい心構えだと思いますよ。

でもね、まず、オーガンジーという素材から見ていきましょうか。オーガンジーといえば、バレエのチュチュやベールなどを彷彿とさせます。それを口に入れるものの近くに置くというのはどうかしら？ それに、クロスとしての役割を果たしていません。グラスを置いても、お皿を置いても、薄いオーガンジーのクロスではクッションにならないでしょう。

次に、お花。あなたにもよく言っているけれど、日々の食卓でも、特別な日でも、食卓の中央にはいつもフレッシュな花を置いていただきたい。その理由は、生花があるだけで、食卓が生き生きとするからです。

けれども、このディスプレーではドライフラワー……。**ドライフラワーにはドライフラワーのよさや持ち味がもちろんありますが、食卓にはあまりふさわしくないわね。**新鮮な料理を際立たせる、というよりも、せっかくの料理をひからびた味に変えてしまいそうだわ。

ちなみに、わたくしは造花も使いません。生花がない冬場などは、大皿にオレンジやリンゴを盛って「生」を演出しております。それすらもないのであれば、何も置かなければよろしい。造花などは興ざめするのでおよしになってね。

また、花の香りにも注意が必要です。いくら美しくても、カサブランカなど強い香りの花はダメです。

そして、この1ダースはありそうな愛らしい花の形のキャンドルはなんなんでしょう。石鹸のように小さくて、もし火を灯したなら、下から顔が照らされますから、これではせっかくの美男美女もお化けになってしまいます。食卓のキャンドルは、ある程度高さがあるキャンドルスタンドがベストです。

最後に、お皿の三段重ね。鬼才のシェフが素晴らしいコース料理をお出しします！というのでしたら、三段でも何段重ねでももうご自由に、と思うのですが、もし、そうでないのでしたら、お皿ばかりすごくても拍子抜けです。**テーブルの主役は人と料理。**お皿はディナープレートに前菜用のプレートを重ねる、その程度にとどめたほうが無難でしょう。


とにもかくにも、テーブル・セッティングで気をつけることは――すべてに通じることですが、やりすぎないこと。

食卓は食べ物を乗せるところですから、飾り物は最小限であるべきでしょう。

テーブル・セッティングは、

①清潔であること
②清潔感があること
③食卓につく人と料理を引き立てるものであること

「こうしたらどうだろう」と迷うことがあったら、この3つの条件をクリアしているか、確認されるとよいでしょう。

特別な日には、食卓にテーマを設けてみては？

大げさなテーブル・セッティングはよくない、とはいえ、おもてなしのときなどは、日常とは違う演出をしたいと思うもの。

そこで、わたくしどものおもてなしのテーブルの演出技を披露しましょう。

それは、何かテーマを設けること。

たとえばイースター前のカーニバルのディナー。今年は、赤と黒とテーマ色まで決めてテーブル・セッティングし、お客様ももちろん、ベニスのカーニバル風に仮装して登場され、とても楽しいディナーでしたわ。

また、フランスの書籍賞・ゴンクール賞の季節に催したディナーでは、招待客のみなさんに、ディナーの招待状とともに受賞作を送付しましたの。そしてディナーの席では、各自その感想を述べ合うという、「ブック倶楽部ディナー」。ええ、それはもう大成功だったわね。同じ本を読んでも、感想は千差万別。友人の意外な一面を知ることができて、とても興味深い集いでした。このときは、ディナーはサラマンジェではなくて、書斎でいただく、という趣向を凝らしましたっけ。

＊

なるほど、さすがカトリーヌ。

日本であれば、たとえば中秋の名月のころにお招きするのであれば、「観月会」として、月をテーマにしてもよし、桃の節句のころであれば、ひな祭りをテーマにしてもよし。日本は四季があって、季節の風物詩がたくさんありますから、いくらでもテーマは見つかることでしょう。

それに、このように食卓にテーマがあると、会話の糸口も見つけやすくて、楽しい集いになりそうですね。

LEÇON 7

お料理する過程も、美しくあること

バカンスをメゾン・ド・カンパーニュで過ごすときは、義姉のアンクレールと台所に立つことが多いのですが、彼女の動きに、思わずうっとりすることがあります。

まず、アンクレールの格好からしてシック。

トップスはこざっぱりしたシャツ、ボトムスはスリムパンツやカジュアルなスカート、それに料理人が使うような大きめの綿素材のエプロンで身体をしっかり包み、腰紐を一回転してキュッと前で結ぶ、というのがいつもの装いです。

エプロンにはピシッとアイロンがかかっていて、腰紐には手を拭くためのトーションがきれいに畳まれた状態でぶら下がっています。

シャツは白、もしくは白っぽい明るい色のものが多く、衿を立てて着るのが彼女のスタイルです。

「白いシャツなんて、お料理するのに勇気あるわね」

と言うと、

「そうすると、服を汚さないように気をつけるから、自然と料理が丁寧になるのよ。それに、何よりも気持ちがいいの。料理するときは落ち着いた心で、清潔に、そして丁寧に一つひとつのプロセスに挑みたいでしょ？　そうでないと料理がだらしない仕上がりになるから」

という答えが。アンクレールは、「コンテス道」の王道を行く優等生なのです。

便利さよりも、美しい調理方法を選ぶのがコンテス流

そして、アンクレールは、格好だけでなく、「調理の過程」までも、とても美しいときています。

たとえばフランスの家庭料理の定番、鶏肉のロティ（ロースト）を例に挙げましょう。

お肉をオーブンで焼くだけの簡単な料理ですが、アンクレールの手にかかると、写真の画素数が急に小さくなるかのように、食材が生き生きとしてくるのです。

ブシェ（肉屋）の紙包みから、丸鶏を取り出し、オーブン皿に載せる。そしてバターをこんもりと盛り、庭から摘み立てのハーブ類をまとわせ、菜園から穫ったエシャロット1つをザクザク切ったものとガーリックの小片を大きめに割ったものを丸鶏の

背中にパラッと載せる。背中に載ったままのものもあれば、オーブン皿に落ちるものもあるけれど、気にしません。そして、ゲランド産の海塩と、ペッパーミルをガリガリして下準備は終了。挽き立ての胡椒とタイムの香りが食欲をくすぐること！

薪を焚いて熱々にあたためたオーブンにこの耐熱皿を入れ、火を落として焼くこと1時間強。途中、何度かアロゼする（オーブン皿に焼き落ちた脂と肉汁をロティに浴びせるようにかける）、それだけです。今、こう書いていても、どの瞬間も鮮明に思い出されます。

そういえば私が昔、鶏の照り焼きを作るために、料理の裏技満載サイトで学んだ、ジップロックを使うというレシピに則って、たれと鶏の胸肉を入れて揉み込んでいたときの、アンクレールの怪訝な顔を思い出しました。

「こうやってマリネすると味が染みて、かつ、臭《にお》いも密閉するし、汚れ物が出ないのよ！」

と誇らしげに言ったときの、彼女の苦笑……。

アンクレールを筆頭に、コンテスたちの料理に関する美意識を理解しつつある今になるとわかります。アンクレールは、ジップロックの実用性には魅力を感じないということを。

それよりも、食材が美味しく見える調理法、たとえ洗い物が増えたとしても、そ

の過程に「美」がある方法を好むということを。

アンクレールの料理は、裏技などなく、温度調整をこまめにすることもなく、不必要に扉を開けて焼き加減をチェックすることもありません。自分のレシピとオーブンと直感を信頼して調理します。

アンクレールは言います。

「フランスといえばソースではって？　すべての材料が新鮮であれば、凝ったデミグラスソースやコンディメンツなど必要ないわ。オーブン皿にこびりついた肉汁をお湯でこそげ取って薄めたJus《ジュ》（肉汁ベースのソース）だけで十分よ」

実際、アンクレールのロティは格別の美味しさ。上質で新鮮な材料を、シンプル、大胆、そして美しく調理する、とい

う彼女のスタイルは三つ星級なのです。
そこでアンクレールに、お料理する上で大切にしていることを教えてもらいました。

食材を、美味しく、美しい状態で家に連れてくること

私の週末のお買い物は、お肉はブシェ（肉屋）で、チーズはフロマジュリー（チーズ屋）で、パンはもちろんブーランジェリー（パン屋）でという具合に、専門店で手に入れているの。母のカトリーヌも、同様よ。

お肉をスーパーでは買わないのって？

私は買わないようにしているわ。

たとえばロティを例に挙げてお話ししましょう。わたくしがお肉をブシェから買うのは質だけが理由ではなくてね。ブシェの肉の扱い方が好きなのです。

台所で、ブシェの包みの紐をほどき、紙を広げ、お肉を取り出す。不必要な脂や筋は取り除かれていて、下準備できているお肉のきれいなこと！

これがスーパーで買ったものだと、発泡スチロールのトレイに載せられた肉塊がラップにつぶれたように覆われているじゃない？ 肉塊を取り出すと、生肉の臭いが広がり、……あれは私の美意識が許せないの。

ブシェがロティ用に脂を巻いてきれいに紐でくってくれた肉を、そっとオーブン皿に移し、各種ハーブやクリスタル状の海塩を散らしたときの美しさ。オーブンから漂ってくる匂い。アロゼしたときのジュジュッという音。こういう一つひとつの過程の視覚・聴覚・嗅覚のスナップショットが美しくあること、これが美味しい料理を作るために、実はとても大切なことなのよ。

＊

フランスでも日本同様、スーパーのほうが価格が若干安く、何よりも、買い物を一気に済ませられるという利点があることから、商店街が縮小しています。さらに、アンクレールはフルタイムで働いていて、4人の子どもたちもいます。忙しくても、美しさに重きを置き、個人商店にこだわる姿勢に、シャポーです。

お次はキュイジーヌの美しさについて。P172の掃除の項でもお伝えしましたが、コンテスたちのキュイジーヌはいつもきれい。脂汚れもなく、染みついた臭いもありません。何か特別な洗剤を使っているのか、アンクレールに聞いてみました。

汚さず、自分の腕前に合う料理しか作らない

そんなの、簡単なことに決まっているじゃないの。

油汚れや臭いが残るような料理をしなければいいのよ。

私、揚げ物は一切したことがないわ。

4人の子どもたちが大好きなポンム・フリット（ポテトフライ）とか、コルドンブルー（チーズとハムを挟んだチキンカツ）とかは、外で食べてね、と宣言しているの。

揚げ物をすると台所の壁が油っぽくなるでしょう。

そして油の臭いもしつこいですからね。そういうものは作らないの。

え？　それでは子どもたちからブーイングはこないかって？

ふふふ、不評も不評、大不評よ。**でも、たとえとても美味しい料理でも、血相を変えて掃除しなくてはならないような汚れや、不快でしつこい臭いが残るような料理はしない、という決断も大切だと思っているのよね。**

自分では作らない料理の判断基準は、汚れや臭いだけではないわ。

いくら家族・友人・知人が自分の料理の腕を褒めてくれても、それはそれ。

わたくしは自分の限界を知っています。

ロティのようなシンプルな料理には自信があるけれど、色々な食材をそろえなくてはならない各国の料理や複雑な料理には手を出しません。装い同様、無理はしない、これがエレガンスの秘訣よ。

自分の枠から出て無理しないとできないような料理はプロの料理人に任せるに限る!ってわけ。

＊

アンクレールは、揚げ物のほかに、焼

き魚も作らず、魚料理は、基本的に蓋をして蒸し焼きにするとのこと。日本でも、焼き魚の焼き網の汚れなどには苦戦するものですが、なるほど、徹底していますね。

そして、とくに義姉アンクレールが気にしているのが、臭い。

フランス料理は、臭う食材の代表とも言えるガーリックを多用する、と理解されていますが、実際はそんなこともなく、コンテスたちは敬遠しています。あまり使わないほうがいいということ……？

臭《にお》う食材の使い方にご注意！

ええ、その通りです。

私たちのクラスでは、ガーリックのように臭うものは敬遠しているところがあるわね。

そうはいっても、ガーリックは味に深みを出すから、丸っきり使わないわけにはいかないでしょ？　そこでみじん切りやすり下ろして使う代わりに、大きめに切ったものを使い、油や肉に香りが移ったら取り除くようにするなど工夫をしているわ。ガーリック自体を食べてしまうとあとで身体に残るものね？

また、ネギ類も同様。

オニオン・グラタンスープ？　美味しいことは知っているけど、うちでは作りません。なぜって、あとで不快なガスが身体にたまるものね？　料理に使うときも、玉ねぎの旨味に頼らずに少量使いを心がけているの。

生ネギ？　Jamais!《ジャメ》（絶対ダメ）

口臭が気になって、社交どころではなくなってしまうわ。ネギの辛みが欲しいときは、アサツキを代用して、小口切りをパラパラとふりかける程度ね。

＊

アンクレールの話を聞きながら、新玉ねぎのスライス・サラダが夫に不評だった理由がわかりました。

そして、もう一つ、昔私が失敗したサラダに、和風サラダがあります。ごま油と醤油、そして酢をベースにしたドレッシングに、サラダ菜、キュウリ、トマトなどを和えたサラダにして、以前コンテスたちにお出ししたことがあるのですが、コンテスたちはほとんど残されましたっけ……。この際、これについてもアンクレールに聞いておこうかしら。

サラダはシンプルに塩は極上のものを

ああ、あのサラダね。食習慣の違いが理由だから、そんなに気にしないで。私たちがサラダというときは、ごくごくシンプルなグリーンサラダを望んでいるのよ。

主菜のあとに、口をさっぱりさせたくていただくサラダでしょ？　だからいろいろな味が入っているものはトゥーマッチ。各種レタスの水分とかすかな苦みをヴィネグレットで包んだサラダ、これでいいの。

さらに細かいことを言うと、レタスの芯は取り除いていただきたく。

歯ごたえ？　音を立てることは好ましくないので、歯ごたえもなくてよし。

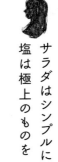

こだわりのドレッシング？　いえ、上質のオリーブオイルと、しっかりと酸味が効いているワインヴィネガー、ゲランド産の海塩、挽き立ての胡椒、これを軽く混ぜたヴィネグレット・ソースで軽く和えるだけで十分。これ以上味が入るとレタスが引き立たないでしょ？

コース全体の中におけるサラダの存在意義は、栄養云々というよりは、リッチなメインディッシュのあとに口をさっぱりさせるためだけのもの。出しゃばってはならないことを忘れずに。

今、ゲランド産の海塩とお伝えしたわね。

お塩だけは、ゲランド産の海塩、「セル・ドゥ・フルール」に決めているの。海で生まれ、太陽の日射しのあたたかさでクリスタルとなり、職人によって収穫された100％天然の塩よ。招待された先やレストランでこの塩が小皿に盛られて出てくると、「ここは味がわかるのね」とほっとするの。

自然を愛し、味がわかるということの証明として受け取られるのが、ゲランドの塩ってわけ。

COMTESSE CAFÉ

フランス上流階級のふだんの食事、ハレの日の食事

装いにフォーマルとカジュアルがあるように、料理にも「格」があります。ふだん着の料理はいくら美味しくても、特別なディナーにはふさわしくありません。

では、フランスのふだん着の料理にはどんなものがあるか、私が見てきたコンテスたちの食習慣について簡単にお話ししましょう。

コンテスたちの月曜日から木曜日までのウィークデーの夕食は、シンプルな献立のことがほとんどです。昼にお肉や魚中心のメニューでしっかり栄養を摂り、夜はパスタやご飯、野菜中心の消化のよい料理を心がけているようです。これは貴族でなくても、フランスでは一般的な昼と夜の栄養配分でしょう。

週前半のディナーの主菜は、週末のご馳走の残り物を使った料理が登場することが多く、例えば、日曜の午餐のロティやポトフの残り肉を刻んで野菜と混ぜ、これまた残り物のピュレ（マッシュポテト）とエメンタールチーズを載せてオーブンで焼くアッシ・パルマンティエ、ポトフの残りで作ったミネストローネなどは

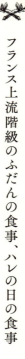

典型的な月曜日の夜ご飯です。

その他の日も、手をかけずに手早く作れる料理がほとんど。

夏であれば作り置きしてあるラタトィユとオムレツ、冬であれば、アンディーブをハムで巻きベシャメルソースをかけたグラタンなど、そんなところでしょうか。これに、小さな前菜、サラダ、チーズ、デザートが付くのです。

ふだん着のお料理、質素でありながらもご馳走でしょう?

コンテスたちは、伝統的な作り方にこだわるので、バターたっぷり。カロリーが気になるのですが、その美味しさに片目をつむっていただいて

しまうのです。

金曜日は魚を食べるという伝統は、宗教離れが進んだフランスでは忘れられつつありますが、貴族階級ではいまだに踏襲されています。

イエス・キリストが処刑された日が金曜日であることから、この日はご馳走を食べるのは控え、イエス様の受難を悼みましょう、ということから始まったこの風習。なぜ魚かというと、その昔、貧しい食事の典型は、塩漬けの干し鱈など魚料理だったからだ、と聞いています。今は、魚よりお肉のほうが安いこともありますから、魚料理にこだわる必要はないのでしょうが、金曜日は魚、というのは動かずに伝統となっているのです。

そういうことから、コンテスたちは金曜日にディナーを催すときは、主菜は高級魚の鯛や舌平目などの魚料理にしています。本末転倒という気がしないでもないのですが、カトリック教徒としての、せめてものジェスチャーなのでしょう。


週末は、ハレの日。とくに日曜日の午餐はご馳走を作ります。

熟成された牛やジゴー(子羊のもも肉)のロティ、冬の定番のポトフ、仔牛肉たっぷりのブランケット(クリームシチュウ風の料理)、鴨のコンフィなど、これらご馳走に添えるのは。角切りポテトを黄金色にバターソテーしたものや、薄切りポテトを牛乳とクレームでぐつぐつオーブン焼きするグラタン・ドルフィノア、あとマッシュポテトよりももっとトロンとしたポテトのピュレも人気です。

日本では丸鶏のローストというのはクリスマスのご馳走というイメージがありますが、フランスでは鶏の丸焼きはふだん着メニューです。また、豚肉のローストも大変美味しいのですが、人によっては豚肉は格が低い食材ととらえているので、家族だけの食事のときは結構ですが、お客様を招いたときなどはふさわしくないかと。

なおフランスでは、ロティなどのご馳走を取り分けるのは、主婦ではなく一家の主の役割です。よって男子には、小さいときから父親のナイフ裁きをよく観察させ、上手な切り分け方を教えておく必要があります。

LEÇON 8

美味しい料理よりも、「会話」が主役

食に関する考え方が、コンテスたちと、日本で普通に暮らしていた私とでは、似ているところもあれば、異なっていることも多く、嫁いだ当初は一緒に食事をするたびに緊張していました。

中でも困ったのは、食卓での会話。

とくに、おもてなしやきちんとした席での社交の会話となると、お手上げでした。

週末の午餐会などでは、義母や義父がリードし、そこに夫や他のメンバーが加わって、話が盛り上がります。その中にいる私。一人だけ何も言わずにいると、せっかくの賑わいを盛り下げているようで申し訳なく、かと言ってどのように合いの手を入れていいのか、どこまで自分の意見を言ってよいのか、下手なことを言って、会話の流れを止めてしまったらどうしよう、と頭の中でグルグル考えてしまい、そうすると口を開くことがさらに怖くなって……、という悪循環をくりかえしていました。

そんな昔話を、先日義母カトリーヌにすると、彼女は微笑みを浮かべながら、言いました。

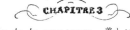

「今、お話を伺いながら、あなたが食事を始めるときにいつも『Bon ppétit!《ボナペティ》』と言っていたことを思い出していました。

あらあら、そんなに顔を赤らめないでちょうだい。ほほほ、わたくしどもでは、無粋ととられる言葉ですけれど、よろしいのよ。何か言わないと、と思っておっしゃったのかしら。お気の毒でしたこと！

でも、わたくしが思い出していたのは、あなたがあの時に説明してくださったこと。日本では食事の前に『いただきます』と、神とキュイジニエ（料理人）に感謝の意を示す習慣があって、それだから食べる前に何か一言言わずにいられない、ということでしたわね。そういう尊い風習があるところが、ジャポンの素晴らしいところ。あなた方の『いただきます』は、わたくしたちのbénédicité《ベネディシテ》（キリスト教の食前の祈り）に近いと思います。

一方の『ボナペティ』という言葉の本来の意味は、『食欲旺盛で食事に挑んでください』ということ。

でも、食事というのは、食欲を満たすことが第一目的ではありません。

食事というのは、文化です。

神が創られた食物を、人が調理し芸術……家庭料理の場合は芸術品と呼ぶのは大げさかもしれませんが、少なくとも作り手の文化を反映した料理を囲み、家族や友だちと一緒に会話をメインにいただく、そういうことです。

それをまるで動物のように食欲むき出しに食べることのように言われるのは心外、という気持ちがありましてね。

あらあら、もう謝らないでください。フランスでは『ボナペティ』と声かけする人も多く、決して間違いではないのですから。ただ、わたくしどもが受けた教育では、食事のときは何も言わず、が正解なのです」


ますます古傷に塩がすり込まれていくようですが、ぐっと我慢。

でも、ようやく、コンテスたちが考える「食事」とは何かが、わかるようになってきたかもしれません。

では、食卓の会話について、どのようなことに気をつけるべきか、再びカトリーヌから教えてもらうことにしましょう。

CHAPITRE 3

A la table de la comtesse　美しい食卓のルール

LEÇON 9

お育ちが露呈する食卓時の会話のタブー

前項で「嫁いだころは会話に困った」と言いましたが、いまだに社交における会話が苦手です。ディナーの席で初対面の人と隣合わせになったときなど、仕事、友だち、出身地など、なんらかの共通項を見出して会話を始めるのですが、そこから先へ進まなくて、ぎこちない沈黙の時がきてしまうという……。

これは私の会話術のせいなのか、どうしたらもっと実のある社交ができるのだろう、と義母カトリーヌにアドバイスをお願いしたところ、

「それでよろしいんではないですか」

と肩透かしな答えが返ってきました。

カトリーヌは、社交上の会話で、「本音トーク」を期待してはいけない、と言います。

「食」の話から少し脱線するかもしれませんが、コンテスたちが大切にする心遣い、そしてガードに対するさじ加減について、もう少し細かく聞いてみましょう。

思ったことは言わない

このごろは無粋な人が多くて困っておりますの。

たとえば先日、思いがけず太陽が照って暑いときがあったでしょう？　あの日、ガーデンパーティがありましてね、ジャケットを着用している男性に対し「お暑くないですか」と声をかけるご婦人がいらしたの。きっと、その方は「さぞかし暑いだろうと思ったから聞いた」、それだけなのでしょうが、言われた方は、ジャケットを着ているのがマナーですから、脱ぐわけにいかない。「暑くないですか」と聞かれても、なんと答えてよいのか困りますでしょ。

こういうときは、その方が額から汗を流していても、**気づかない振りをして差し上げるのが心配りというものです。**

また別の席では、息子さんが軍人で、このたび情勢不安な土地に派遣されるそう。それを聞きつけた方が、「あの辺りは危ないけれど、心配ではないですか」と聞いていらして、あのときも目を白黒させてしまいましたわ。

そんなの、心配に決まっているではないですか。こういうときは、その話題は持ち出さない。もし相手がそのことについて話すのであれば、**聞き手に回る。意見など言わない。**もし一言言うのであれば、「ご無事にご帰還されることを祈っています」。他にかける言葉はありませんでしょう？

まだまだございますのよ。たとえば、病気を患っている方、病みがちな方に対し、「自分は病気をしたことがない」と言う人。悪気はないのでしょうが、**相手に「お羨ましいですわ」と言わせるようなことは言わない配慮が欲しいです。**

そうはいっても、悪気はないのに無神経なことを言ってしまうというときがあるかもしれません。それを未然に防ぐには、口を開く前に、「これを言ったら、相手の方はどんなリアクションを返してくるだろう」ということを、一旦頭の中でシミュレーションするといいですよ。人様の気持ちを傷つけることはとにかく避けたいことです。

条件反射的に口を開いてしまうから間に合わない？　そういう方はなおのこと、一旦言葉を飲み込んで、熟考されたほうがよろしくてよ。おしゃべりはエレガンスに相反するものですから、要注意！

ボリューム調節すること

そして基本的なことですが、大声で話さないこと。

これは意外に多くの方が犯すミステイクです。緊張しているから、興奮しているから、地声だから……理由は色々あるでしょうが、とにかく音量を調節してください。大声は耳障りですし、あなたはどうってことないことを話していらっしゃるつもりかもしれませんが、壁に耳あり、ですよ。

友人が、カフェで「夫が出張に出ていて……」と話していたがために、夜、強盗に襲われて青ざめている人がいましたっけ。**ひょんなことから情報を漏らしてトラブルに巻き込まれることもあります。**ひそやかに、慎重に、深淵に、というのがわたくしからのアドバイスです。

社交の場では、気持ちが動揺するような話はしない

そういえば、あなたに、東日本大震災についていろいろ聞いて、言葉を詰まらせてしまったことがありました。あれは私の大失敗でした。

あまりの惨状に話ができなかったという理由はあとでわかりましたが、あのとき言葉を継がなかったあなたは大正解です。痛ましいニュースが絶えない昨今、世界レベルでも、身近でも悲劇は日々起きています。そういうことについて共有する、話し合うことも大切ですが、社交の、それも食事中においては、気持ちを揺さぶるような話は好まれません。もし、そっちの方向に話を振られたら、**言葉少なく、むごい状況などを聞き知っていても詳細を話さず流す**、というのが正解です。

たとえ女同士でも年齢は聞かない

先日の午餐会で、とある日本人のマドモアゼルに、

「マダムは本当にお美しくてお若い！　おいくつでいらっしゃいますか？」

と聞かれました。日本の方は年齢にこだわりますね。でもフランスでは、たとえ女同士でも年齢は聞きませんのよ。また明らかに目上のわたくしに対し「あなたはお美しい」と褒めるのも微妙です。賞賛の意であっても、もっと工夫して、そしてＴＰＯを考えて表現していただきたいものです。

個人的なことは聞かない

先ほどの歳について聞かない、というのもその一つですが、その他にも、たとえば結婚しているのか、子どもがいるのか、ご主人はどこに勤めているのか、などが日本の方によく聞かれる質問ですが、あれはちょっといただけません。会話の糸口を探していらっしゃるのでしょうが、その方の「社会的位置付け」から攻めるのではなく、その方自身に関する声かけをされたらよいでしょう。

たとえば、今日の会にどういう所以で来たのか、共通の知人がいるなら、どういう縁で知り合ったか、などと話すうちに、なんとなく、結婚しているんだな、お子さまがいらっしゃるんだな、お仕事されているんだな、などと見えてきます。そうしたら、**さりげなく多方面から質問されたらよいでしょう。**社交界での会話は、慎重に、慎重に、がキーです。

自分の個人情報は明かさない

そして、その逆側も然り。あまりよくご存じない方には、自分のこともあまり話さないほうがベターですよ。ご挨拶のときに名前を名乗り、簡単に今日のホストとの関係を述べたら、あとは、「で、あなた様は?」と話題を振る。

たまに、社交慣れされていない方に多く見受けられることですが、聞かれるがままに、自分のことから子どものこと、仕事のことなどを延々と話されることがありますが、これは無粋かつ危険です。**とにかく必要以上に自分のカードを見せない、そのためにも相手に興味を示す、聞き上手に回る**というのは社交上のタクティックスとも言えましょう。

自慢はしない

こうやって話していると、あれも、これも、と会話のルールが思い出され、まるで口うるさいお婆さんみたいでお恥ずかしいわ。わたくしからはこれで最後にします。

それは、自慢話はおやめになって、ということ。

ご自分の功績について、妙にへりくだる必要はないのですが、一方で、とうとうと語るのも無粋。もし、話題がご自分のほうに向いたのなら、簡潔に自分がやってきたこと、達成したことについて説明して、それ以上はそのことに触れない、それがエレガンスというものです。

たまに、ご子息の自慢をする方や、資産について自慢する方などがいらっしゃいますが、あれは百害あって一利なし。

フランス人はとにかく嫉妬深い国民です。

上品な貴族層もそうなのかって？　悲しいかな、答えはOui《ウィ》です。

わたくしどもは、感情を表さないようにしつけられていますから、たとえお相手が微笑んでいても、心の中では何を思っているか、計り知れないものがあります。今の時代、貴族層でも台所事情、家庭事情は一般市民と変わるところはありません。下手に家柄にこだわっているがために、鬱々としている人もいます。よって嫉妬の種となるような自慢はしないに限ります。

＊

深々とため息をつきながら、義母カトリーヌは厳かに締めました。

嫉妬。日本でもフランスでも、これ以上に怖い心模様はありません。

「私なんて嫉妬の対象にならないから、大丈夫」と思っていても、何が引き金になるかわかりませんから、気をつけるに越したことはありませんね。

さて、続いて、叔母エステルと義姉アンクレールにも、会話のルールについて、最後にアドバイスをもらいましょう。

とくにアンクレールはコンテスたちの中で唯一フルタイムで働いています。職場で貴族層ではない人と接するたびに、呆れることがあるそうで、例を挙げてもらいました。これは自己主張が強いフランス人ならでは、かもしれませんけれど……。

誰かが話しているところを遮ったり、話題をハイジャックしない

会社の人とのお昼やドリンクの席でよくあるのが、人が話しているのを聞いているうちに、自分も似た体験があったり、その話題から派生した別件を思い出して、まだ話の途中なのに、割り込む、乗っ取る、という……。

フランス人、そして男性に多い傾向です。あら、日本にもそういう方はいるの？では、万国共通なのね。こういうところで育ちは出るもの。相手の話を最後まで聞き、そのトピックに対する評価、反応も返すこと。それがマナーというものです。

他の人の意見を否定しない

もう一つ、よく見る不作法な会話術が、頭ごなしに間違っていると決めつけること。これは本当に残念よね。

たとえば、日本を旅行したフランス人が、「日本では、みな布団で寝ている」と言ったとするでしょ。もしくは「日本では毎日お寿司を食べる」でもいいわ。あなたはどのように答える？

A.「Non! そんなことないです！」と否定する

B.「さあ、どうでしょうね。ご旅行はどの地方に行かれましたか？」と聞く

おわかりでしょう？　Aと答えてしまったら、相手の方は真っ向から否定されて気分を害してしまうかもしれないわ。会話も終わってしまう。もしかしたら、その方の意図したことはもっと別の、もっと深いところにあるのかもしれないのに……。Bと答えたなら、会話は広がっていく。

ちなみにフランス人はディベート好きだから、わざと逆説的なことを言って、こ

ちらの交わし方、答え方を見るのが好きなところがあるわ。幼稚に否定しないことね。

＊

アンクレールの話を聞いていて、結局のところ、退屈な社交的会話をするしかないのかしら……とがっかりしていた私。そんな私のため息をキャッチして、叔母エステルがコツを教えてくれました。

情報を引き出す「会話の妙」を身につければよろしいのよ

月並みなところでは、お相手のお仕事や社会的活動について、詮索にならない程度に聞いたり、政治や株価以外の害のないニュースについて意見交換したり、旅行について話したり、そんなところかしら。

あら、退屈？

いいえ、こんなにスリリングなことはありませんのよ！

こういう月並みな話の、ちょっとした言葉尻から相手の方の知られざる一面が覗けたり、ときには思いがけない情報が聞けたりするのです。

そんな経験はないって？　それは聞き出し方の問題です。イノセントを装って
さりげな～く聞き出す会話のテクニックを磨くのです。

わたくしなどは、ちょっとしたニュアンスなどで、

「ハハーン、ここはまもなく離婚ね」

とか、

「きっと相続で諍いを起こしているんだわ」

「財政難なのね」

などと、全部わかってしまうの。

いつか、聞き出し方をご教授して差し上げるわ！

LEÇON 10

知っておいて損はない、招かれたときの掟

最後に、食事に招かれたときに注意することについて、お伝えしておきましょう。

私もいくつか大いなる失敗をやらかしたことがあります。

ここでお話しすることは、フランスの上流階級ならではのものもありますが、日本においても知っておいて損はないものも、多々あるように思います。

✿手土産にはチョコレートかお花を

フランスのマナーでは、ワインは手土産にふさわしくないとされています。

このマナーの出所は、お招きされるお宅には、素晴らしいワインセラーがあり、今日のメニューにふさわしいボトルを選んでくださっている、それなのに、ワインを持っていくのは、まるでケチをつけているみたいだ、ということなのです。

カジュアルな集まりのときはワインを手土産にしてもかまいませんが、そうではない、とくに目上の方のお宅に招かれた際は、チョコレートやお花をお持ちするのが、フランスの育ちのよい人たちの定番です。

✿装いアンコール！

フォーマルなディナーに招かれたときは、どんなにドレッシーなデザインであっても、ニット素材や毛足が長い服は着ないことです。これはレストランで会食のときも同じ。

一つには、細い繊維が料理に入ったら、と考えるだけでも不快感を呼ぶこと、もう一つには、フォーマルな席にソフトなニット素材は不適切、品格が下がるという理由からです。

また、女性はパンツルックよりはスカート、ワンピースを、そして足元にブーツは×。いくらそのときの流行でも、網タイツ、超ミニ、どぎつい色などの挑発的なアイテムは避けたほうが無難です。男性はジャケット着用、ネクタイを締めるほうが安全です。靴もしっかり磨いてくださいね。

自分の席は、確認してから座る

その昔、初めて義母カトリーヌのお宅で食事に招かれ、いざテーブルに着席となったとき、私ったら、ささっと日本でいう末席に向かってしまったのですが、これは×でした。その家の「しきたり」がありますから、ホステスである義母カトリーヌにどこにかけたらいいのか、先に確認するべきだったのです。

コンテスたちは、カジュアルな小さな集まりでも、各招待客のプロファイルを勉強し、どういう席順にしたらより豊かな会話が生まれるか、と考えて席順を決めています。

それからというもの、私も招待する側に立つときは、余裕がなければ「席、どこでもいいですからおかけください」と言いますが、できる限りは席順を考えておくように心がけています。実際、席順を事前準備したときは、テーブルでの会話の盛り上がり度が高いというのも事実です。

食べ始めのタイミングをはかる

さて、着席し、前菜が運ばれました。Mais!《でも》まだフォークに手を出してはいけません。

ホステスがフォークを手にするのを見届けるまでは、隣席の方とお話でもして待っていてください。前述の通り、フランスでは「いただきます」などの挨拶は無用（日本ではもちろん必要）、無言でスタートが正解です。

無理して食べない、でも残しちゃだめ!?

ご招待に応じて食事の席についたけれど、苦手なものが出てきたり、またダイエット中なのにバターソースたっぷりの料理だったりしても、ここは目をつむって食べましょう。それが大人というものです。

でも、アレルギーを持っていたり、量が多すぎて残すことになった場合、「残してしまい、申し訳ございません」「今日はお昼が遅かったから」などとお詫びや言い訳をするとかえって目立ってしまうだけ。ここは黙ってフォークとナイフをそろえて、お皿が下げられるのを待ってください。もしホステスから声をかけられたなら、事情を説明したらよいでしょう。また、逆にホステスとなったときに、招待客が食べ物を残しても、「お口に合いませんでしたか」などと言わず、気づかないふりをしましょう。もしかしたら健康上の理由があるのかもしれませんからね。

ところで、日本に帰って旧友たちと会うと、大概、太った、痩せたという話になります。お年頃ですからね。そしていつも聞かれるのは、「フランスは美味しいバターやスイーツが溢れているけれど、みなどうしてスラーッとしているの？」ということ。

いやいや、フランスにも太めの人は結構います。ただ、貴族層で太っている人というのは実に少なく、また、ダイエットしている人もあまりいません。老若男女、健康的な食欲を持って食卓につきます。これは食事の仕方、要は、フランス料理に理由があると思われます。

コンテスたちが、どんなときでもコースで食事をすることはすでにお話ししました。すなわち、前菜→主菜→サラダ→チーズ→フルーツ・デザート→エスプレッソ／ディジェスティフ（食後酒）というのがフルコースです。ふだんの食事では、この一部を端折ったりしますが、この食べ方だと、いろいろな食材を程よい量食べることになるので、腹八分目なのに満足感があります。

ちなみに、フランスはパンが美味しいことで有名ですが、パンは主食ではありません。少なくとも、日本の方のご飯の食べ方とは異なります。フランス料理では、パンは前菜やチーズのときに少しいただくだけ。コンテスたちの食事を見ている限りでは、炭水化物の摂取量は日本人より少ないという印象があります。

またコンテスたちは間食もほとんどしません。

いろいろなものを少しずつ、そしてけじめある食事習慣がダイエットいらずたる由縁ではないか、と思うのです。

✿ Les《レ》 Bonnes《ボンヌ》 Manières《マニエール》（食事はお行儀よく）

さて、一般的なテーブルマナーについては、あえてここでお話ししなくてもよいかと思いますが、忘れられがちなマナー、あまり知られていないようなエチケットについてだけ、記しておきますね。

・Dames《ダム》 d'abord《ダボー》（レディーファースト）

フランスの家庭では、ほとんどの料理が、大皿に盛られて食卓に載せられます。それを一人ひとりに回して、それぞれが取り分けるのです。大皿が自分の左側に差し出されたら、そこに添えてあるサービングナイフとフォークを使って、自分の皿に取り分けるのですが、男性は、自分の左側に大皿がきたら、まず右隣りの女性に「どうぞ」とすすめ、そのあとで自分が取る、というのが正しいマナーとなります。

・食卓で料理を味付けしない

食卓で塩・胡椒を使うことはできるだけ控えます。味見する前に塩をかけるのはもってのほか。料理人に「味が薄い」と文句を言っていると取られかねません。

・塩は手渡ししない

これはフランスでのことですが、塩入れを手渡しすると縁起が悪いそうなので、「お塩を取ってくださる?」と言われたら、塩入れを取って、その人の近くに置くこと。

・飲み物はホスト担当

ワインや水は、ホスト、もしくは給仕役がすすめるものです。女性はお酌しないこと。ワインの適量ですが、大きなワイングラスであれば、1/4弱、小ぶりのグラスであれば、1/3程度まで注ぐ、それ以上に並々と注ぐと香りが楽しめません。

・小指の思い出

ワイングラスを持つときに小指を立ててしまう方、日本では女性らしい仕草にも受け取られますが、フランスでは×です。

・しゃしゃり出ない

女性に多い振る舞いで、招待されているというのに、食卓で気を遣ってあれもこれも手伝おうとされる方がいらっしゃいます。よかれと思っての行動でしょうが、気忙しいので控えてください。お客さまにはゆったりとしていただきたいもの。招待されているときはホスト・ホステスに任せるのです。

・お手伝いはウエルカム

ゆったりしてよい……とはいうものの、もしホステスが立ち上がってお皿を取り替えようとされていたら、立ち上がって手伝う意欲を見せる、これもマナーです。兼ね合いが難しいかもしれませんが、周りのまねをしたらよいと思います。こういうときは男性も積極的にお手伝いに参加してくださいね。

・お代わりもウエルカム

主菜はお代わりをすすめられる可能性大。ホステスとしては、お客さまがお代わりしてくれるのは、料理を気に入ってくれた証拠ですから嬉しいもの。そこから逆算して、初回は控えめな量を取り、お代わり分のお腹にそなえておくといいですよ。

・チーズはお代わりなし

主菜とは逆に、チーズ、フルーツは一度だけサーブされるものです。

チーズの「適量」の目安は、鉛筆くらいの厚さに切ったものを2、3種取る、とされています。フルーツは、ナイフとフォークを使って皮を剥くのが基本。もし慣れていないのであれば、葡萄や苺など、指で食べてよいフルーツを選ぶのが得策です。

CHAPITRE 4

L'âme et l'esprit

毎日を上質に過ごすためのルール

C'est
la Comtesse
quie parle

これで、衣食住に関する、わたくしの美学についてすべてお話ししました。

何かお役に立つことがあったならよいのですが。

最後の仕上げに、ここでは無形の、手に取ることのできない、目に見えないエレガンスについてお話ししたいと思います。

そもそも、エレガンスはわたくしたち人間の内側に宿るものです。知性であり、感性であり、心のあり方であり、なんとも表現することができないものです。

そんな実体なきものについてご説明できるか、自信がありません

が、これはエレガンスの種とも言える、もっとも大切なことです。
みなさまもお疲れかもしれませんが、最後まで気をゆるめずに、参りましょうか！

Allez《アレ》, bon《ボン》 courage《クラージュ》!（さあ、がんばりましょう）

LEÇON 1

エレガンスを生み出す公式
優美な「一人時間」がもたらすもの

自分と向き合うための時間、もしくは自分の心を自由に解放してあげる時間、無心になって瞑想する時間……、みなさんは、そんな自分だけの時間を、持っていますか？

コンテスたちは、まさにそんな「一人時間上手」と言えます。

昔はこの一人時間の意義がわからず、コンテスたちとバカンスを共にするたびに、それぞれの時間の過ごし方に戸惑いを感じたものです。


たとえば義母カトリーヌ。バカンス中であってもアーリーバードで、朝7時前には階下に降り、コーヒーを淹れ、薄いタルティーヌ（トースト）でプティデジュネ（朝食）というのが彼女のリズムです。夏であれば、窓を開放してシャトーに朝の新鮮な空気を入れ込み、冬であれば、キュイジーヌとサラマンジェの暖炉に薪を補充して夜の間に冷えた空気をあたためる、と、早朝から働き者ぶりを発揮します。

実は、カトリーヌのこの習慣に気がついたのは、ずいぶん後になってからでした。育ちのよい人の典型で、カトリーヌは非常に物静かに立ち居振る舞いますからね。私は知らぬが仏で、嫁なのに姑より遅く起き出していました。それがあるとき、カトリーヌが朝から働いていることを知り、嫁として、この作業を引き継がなくては！と、その旨申し出ると……、

「あら、気になさらないで。朝は、わたくしがこの家と一対一で対話する時間ですの。誰も起きていない静かなサラマンジェで、熱々のコーヒーを飲みながら、『今日のお昼はどうしようかしら』と、その日の予定を考えたり、『あらあら、壁紙が剥がれてきたわ……そう言えば、この部屋のリフォームをしたのはあの子が生まれたときだったかしら』などと、心の中で誰にということなく話しかけたり。

ただそれだけの時間なのですが、やがて、朝食のお皿を片付けて、窓を開けたりしていると、気づくことがあったり、ひらめきがあったり……。

朝の、神聖とも言えるひと時を一人静かに過ごすというのは、ある意味、わたくしにとって最高の贅沢なのです」

そうカトリーヌに説明されたときはまだ若かったこともあり、「ふーん、そんなものか、でも遠慮したほうがいいのね」と、言葉の表面だけを受け取った私でしたっけ。

叔母エステルとも似たようなことがありました。

エステルは、義理の家族の中で少し尖った性格です。若いときに離婚して以来ずっと一人ですので、夫婦でユニットを組む他のみなと歩調がギクシャクするときがあります。まあ、バカンスで何日も一緒に過ごしていれば、誰でも一度や二度、そういうときがあるものなのですが。

そんな、ちょっとした口論があったある日の夕暮れ時のこと。散歩に出かけようとしているエステルを見かけました。先刻の会話で彼女が孤立していたことが頭にあり、その姿がなんだか寂しそうに感じられ、「ご一緒してもいいですか」と声をかけてみたところ、エステルは、ふふ、と微笑み、

「ありがとう、でも夕方の散歩は一人で行くことにしていますの」

とやんわり拒否されたのでした。そのとき、「ああ、この時間はエステルの結界で、踏み込んではいけないんだ」と感じたものです。

義姉のアンクレールも、ある意味、一人の時間を持っています。メゾン・ド・カンパーニュにてみなで過ごすとき、午前中の大半は、サロンにてひたすらピアノを弾き続けるのです。そこにいて聴いていてもよいのですが、なんとなく遠慮してしまう、そんなオーラを出していて、アンクレールのピアノが止むまでは、誰もサロンに入りません。

みなそれぞれ侵されたくない自分だけの時間を持っている。

共に過ごすバカンス中には、それを強く感じます。

そんなコンテスたちに触発されて、私も一人時間を持つようになりました。

最近はまっているのは、ウォーキング。はじめは体力作りが目的だったのですが、いつのころからか、そんな目的はどこかへ行ってしまいました。近くの緑地を、ひたすら歩くこと小一時間。視界に飛び込んでは流れてゆく景色に心をとらわれることもあれば、考えごとに耽ることもある。そんな一人でいるこのひと時がなんとも甘美に感じられようになりました。

私がエレガンスの境地に達するまで、

まだまだ道のりがありますが、ようやく一人時間を持つ意味がわかるようになった今思うのは、コンテスたちがあのように深みのある優雅さを湛えているのは、こういう「一人時間」があるからではないかということです。

装いや立ち居振る舞いなどは、やる気になれば、それなりに「エレガンス風」にできると思うのですが、それだけでは、やはり薄っぺらになってしまう。

内省する時間、無心になる時間を持つことで、
↓静寂や満ちてくるものが生まれる、
↓やがて深みのある気品が漂うようになる

真のエレガンスに到達するためには、こういうフローチャートがあるのかもしれません。

CHAPITRE 4

L'âme et l'esprit　毎日を上質に過ごすためのルール

LEÇON 2

昼間は一人の時間
夜は共有する時間

メゾン・ド・カンパーニュに滞在しているときは、朝は各人自由に起き、それぞれのペースで朝食を摂り、顔を合わせる人もいたり、いなかったり。「おはよう」と明るい顔で挨拶する心持ちが整うそのときまで、しばらくは素のままの自分で、一人の時間を過ごします。

午後も、前述のように、それぞれの時間を過ごします。

一方、夜になると、大人たちは華やかに、みなで語らいの時を過ごします。男性陣はジャケットをはおって、コンテスたちもガーデニングのときのジーンズではなく、カジュアル・エレガンスとでも呼べばよいのでしょうか、堅くはないけれど、ドレッシーな姿で階下に降りてきます。

やがてディナーが終わると、子どもたちはベッドへ。そして大人たちはサロンに集まり、コニャックやカシス・リキュールといった食後酒が注がれたグラスを両手であたためながら、ソファーにかけ、誰かが話し出すのを待つのです。

テレビもなく、携帯電話も見ない。語らうだけのための時間。

そのうち、義母カトリーヌが、娘や息子の近況を問うと、「Alors《アロー》（そうねぇ）……」と義姉アンクレールが口を開き、職場で遭遇したトラブルについて、フランス人女性特有のソフトなソプラノで熱く語り、続いて私も、子どもの学校で目を回したエピソードを披露します。叔母エステルは最近観に行った展覧会について報告し……。そんな、なんてことのないことについて語らいます。

時には、あの番組を見たかったのに、とか、アイロンがけしたいんだけど、などと貴重な時間を奪われることを恨むこと

もあるのですが、それでも、この「夜は誰かと語らう」という習慣は悪くない、と思っています。

自分の時間も大切だけれど、人と語らうのも同じくらい大切。

業務連絡ではなく、テレビを見ながらではなく、家族や親しい人と同じ空間を共にする、こういうひと時が、絆を紡いでいくのでしょう。


とはいえ、メゾン・ド・カンパーニュから帰り、コンテスたちもいない自分の家では、また元の生活リズムに戻ってしまうのです。このエレガントな夕べをふだんの生活で再現してみようと試みましたが、夕食時は疲れているわ、バタバタするわ、で、なかなかそうはいきませんでした。

そこで、遠出しない日曜くらいは頑張ろう、と、夕食の準備が整ったら、シャワーを浴びて、心地よい自然素材のワンピースに着替える、それすらも面倒なときは、髪をとかし直し、少しだけスタイルを変えてみるなど、ちょっと気分を上げる努力をしてみました。

そして食後は、いつものようにテレビのスイッチを入れるのではなく、アロマ・キャンドルを灯し、カルヴァドスを片手に夫と少しだけおしゃべりする。思春期で口数が少なくなってきた息子と最近読んだ本について意見を交わす。夫が留守のときは、ふだん忙しくて連絡を怠っている家族にメールを書いてみる。そんな過ごし方にトライアル中です。

こういうコンテス的な演出をした夜を過ごしてみると、ふだんは、母、妻、もしくは娘として、役割に合わせた言葉が出てくるのに、ここでは、一人の大人、一人の女性である私の、正直な考えが口から出てくるから不思議です。

夫も息子も、そんな私に、少し驚きつつも、大人な会話を歓迎し、リスペクトしてくれているよう……だったらいいのですが、もう少し様子見、かな?

LEÇON 3

つらいときこそ、なんでもないふうに振る舞うこと

ここまで、義母カトリーヌからの手ほどきを読まれた方は、「伯爵夫人とはいえ、なんだかんだ言いつつも、優しいお姑さんじゃないの」と思われたことでしょう。指導しなくてはいけないところはきっちり言うけれど、異国から来た嫁を理解しようと努めているし、理不尽なことは言っていない、と。

そうなのです、確かにそうなのですが、一方でパシッと手厳しい一面もあります。

その一つの例を挙げましょう。

長男がお腹にいたころのことです。仕事も産休に入り、やっとのんびり過ごせると思っていた矢先、カトリーヌが毎晩のように、

「テアトルに行きましょう」

「友人のパーティに行きましょう」

「ディナーにいらっしゃい」

と呼びかけてくるのです。最初は礼儀正しく招待を受けていたのですが、真夜中過

ぎまでの外出が続くと、さすがにお腹の子が心配になり、あるとき、今夜は遠慮したいと告げました。

すると、

「なぁぜ？」

と冷たく聞き返されました。

「なぜと言われても。私、もう妊娠末期ですし……」

と答えると、

「だ・か・ら？　あなた、妊娠は病気ではありません。甘えてはいけません。社交も仕事のうちです！

ついでに申しますが、あなた、何かとすぐ座ろうとするのもやめなさい。あとお腹に手を置くのもみっともない。妊娠、妊娠なんて大騒ぎしないこと。何ごともなかったかのように産む、それが『クラス』です」

当時はその理不尽な言い様に、サーッと血の気が退く思いでしたが、カトリーヌをいくばくか理解してきた今は、何を伝えたかったのかがわかります。

「そのココロは」というと、つらいときこそなんでもない振りをしなさい、ということを私に教えたかったのでしょう。

お腹の子も多少窮屈な思いをしているかもしれないけれど、その胎児も貴族の末裔となるのですから、少しガマンさせなさい、まして、**座ろうとしたり、お腹をさすって周りの人の目を引いたりするような行動は恥ずかしいから慎むように！**　というメッセージを送っていたのだと思います。

また、こんなこともありました。

食事中に、当時10歳の息子が咳をしました。そんなに咳込んだわけでもなく、ちゃんと袖を口に当てて、顔も食卓から背けて咳をしたのですが、コンテスたちは口々に、

「咳はしない」

「ぐっと堪えて」

「はしたない」

と息子を諭します。いやぁ、そう言われても咳やくしゃみというものは、出るときは出るし、出したほうが身体によいとも言うしねぇ。息子が下手に反論する前に、「申し訳ございません、この子、風邪気味でして」と息子に代わって言い訳したのですが、それでも、彼がゴホゴホするたびに、

「食卓で咳はしない」

とコンテスたちは繰り返すばかり。

そのとき、はっと気づいたのです。コンテスたちが咳をするところを見たことがな

い、ということに。彼女たちも人間ですから、もちろん風邪を引くことはあります。「ああ、おつらそうだな」と思ったことも何度かあります。でも咳をするところを見たことはありません。これは彼女たちの「自制の精神」の賜なのでしょう。

そして、わが夫も、時折、謎の低いうなり声を発するなぁとは思っていたのですが、あれは咳を呑み込んでいるときの音だったということが、このときようやくわかったのでした。思うに、夫は子どものころから、「咳はしない」と教育され、訓練を重ねていくうちに、咳を呑み込むという術を身につけたのでしょう。

このように自制することを美徳とする教育をされているコンテスたちです。多少の身体の不調や困難な事象があっても、ポーカーフェースを貫きます。どんなに悲しいことがあっても、人前で涙を見せることはありません。

あまりに徹底しているので、時に、これがよいことなのか、そうでないことなのかわからないときもあるのですが、自分のつらさや悲しみを人に見せない、という姿勢に何か清々しいものを感じるのです。

LEÇON 4

人に依存しない、どんなときも、甘えない

自分を律することについては右に出る者がいない義母カトリーヌに、妊娠中に「シャキッとしなさい」と活を入れられた少しあと、もう一つ、姿勢を正されたエピソードがあります。

実は私、この妊娠時代の後半は、産科の医師より、切迫流産になりかねない状態だから安静にしなさい、という診断を下されてしまったのです。そういう症状は全く感じていなかったので大慌て。仕事は産休に入ったとはいえ、日常生活があるのに安静にしていろなんて無理ですし、コミットしてしまった予定もたくさんあって、どうしよう、と頭を抱えてしまいました。

動揺した状態のまま、ここはフランスの母、カトリーヌに一報を、と電話したところ、期待外れの厳しい対応が返ってきたのです。

カトリーヌの最初の反応は、

「そんなの、大丈夫よ」

さらっと聞き流す彼女に、

「えっ。でも、医師が言っていることですし」

と言葉を返すと、

「そう。だったら、絶対安静にしているしかありませんね」

と、これまたそっけない。私が黙り込んでしまうと、

「あなたは、わたくしにどうして欲しいとおっしゃるの？

わたくしが駆けつけて手を握ってあげたところで、何も状況は変わらないでしょう？　だったら、ご自分で解決なさい」

と言われ、受話器を置かれてしまったのです。

あまりの対応に言葉を失いましたが、今振り返れば、正しい人との付き合い方を学ぶための、よいショック療法でした。

正直に言えば、もう少し言葉を重ねる努力をしてくれてもよかったのでは、と思わないでもありませんが、当時の私は、30代後半、十分な大人です。初めての妊娠とはいえ、多少の不安には自分で対処できたはず。それなのにパニックになった心を自分一人では持て余してしまったので、義母に頼ろうとしたのです。

そもそも私は、動揺すると、気持ちをなだめるべく、友だちや家族に電話して長話を聞いてもらうというクセがありました。人に話すと楽になるタイプなのです。それ

が、このショック療法を受けたあたりから、変わり始めました。身近な人をカウンセラー代わりに使う前に「ちょっと落ち着こう」と自制できるようになったのです。

大人になったら人に甘えてはいけない。

カトリーヌはこれを伝えたかったのでしょう。

不安も動揺も、そして痛みも、子どものようにエーンエーンと泣いて誰かにすがるのではなく、大人ならば、ぐっと奥歯を食いしばって、口では微笑む、それが大人のエレガンスですよ、と。

また、気持ちを落ち着かせれば、問題の元凶が見えてくるというものです。

私の切迫流産に関して言えば、カトリーヌからの一喝のおかげで冷静になると、「仕事で無理をしすぎたからかしら?」「安静中の掃除や買い物は誰がやるというの?」といった後悔や苛立ちが、私を混乱させたのだということが見えてきました。

すると、「今さらそれを悔やんだり悩んだりしてもしょうがないじゃない、これが私の運命だったんだから」と状況を肯定し、生活が変わることを受け入れ、迷惑をかける人には事情を説明して謝るしかない、というように気持ちの整理がついたのです。

とはいえ、人間、時には、自分で考えてみたけれど、やっぱり一人で処理するのは無理なこともあります。でも、そういうときも、まず一人でしっかり悩んだのであれば、「ここまで自分の力で考えた。でも行き詰まっている。どうしたらよいかアドバイスをいただけないか」という話になるでしょう。そうなれば、これは頼る、甘えるではなく、「相談」ですよね。

義母カトリーヌとの関係が良好な理由は、このように初期の段階で、彼女が私をパーンと突き放し、人との付き合い方を教えてくれたからでしょう。

あのときは驚いたけれど、曖昧なところがない、というのは、後々楽なものです。

LEÇON 5

親しき仲でも、頼みごとはしない

前項の延長線にある教えとして、「品格のある大人というものは、頼みごとをしない」というのも、義母カトリーヌから常々言われていることです。

先日、まさにそれがうかがえるできごとがありました。

旧家たるもの、親戚の数は果てしなく、結婚してから、何人の叔父、叔母、いとこを紹介されたことか。夫が「○×おば様」と呼んでいるから、あとでどういう血縁の方なのか聞くと「実はわからない」ということもしばしばあるという……。

そういう数多の親戚の中で、どこまで血縁という絆に頼ってもよいのか。

答えはクリア。「頼らない」。

週末にカトリーヌ家で午餐会に招かれたときのことでした。ふだんは穏やかな義父が、何やらご立腹の様子。何ごとかしら、と気になっていると、義母カトリーヌが説明するには、親戚の若い人から、仕事の口利きをして欲しいというメールが唐突に送られてきたことが気に入らず、プンプンしているとのこと。

これは意外でした。というのも、フランスは、ピストン（俗語で縁故のこと）社会と言われています。求職もそうですが、学校に入れる、ボーイスカウトに入れる、前述のラリーにしても、ピストンがあるとないとだと、話の進み方が異なるといいます。

そして今の社会は、ネットワーキングがものを言う時代。大学の同級生、ゼミの先生、サークルの先輩……そういう知人を通して情報を集め、紹介してもらう／する、とお互いに便宜を図り合うというのは、ある意味一般的なことだと思っていました。

さらに、コンテスたちの社会では、年長者に紹介してもらわないことには話が始まらないところがあり、よってピストンを頼まれることもよくあることなのかと思っていたのです。これに対しカトリーヌの言い分は、と言いますと……。

頼みごとはしないに限る

親戚なのになぜ紹介しないのか、ですって？

ネットワーキングは職業人の常識？

今のご時世、ピストンなしでは茨の道が待っている？

あなた、ご冗談はおよしになって。

人を紹介するということは、重い責任を伴うことです。親戚であろうと、なかろうと、その方の人となりをよ～く知っていて初めて紹介できるというもの。それがふだんは「あの叔父は堅苦しいから」と挨拶にも来ないような人を、どうやって紹介しろというのですか。

それに、ネットワーキングが常識というのは、若い世代の常識なのかもしれませんが、わたくしどもはそういうふうに考えておりません。ご自分の常識を万人の常識だと勘違いしないでいただきたいですわ。

社交とネットワーキングは同じようなものではないのか、ですって？

確かにいろいろな方とお見知りおきになり、自分の見聞を広める、という点では同じですが、前提が異なります。

ネットワーキングは、ギブ＆テイクという、損得勘定しながらのお付き合いでしょう？「私は／うちの会社はこういうことをしている」と会話の中で自分を売り込み、いつか機会があれば上へ引っ張っていってもらいたい、もしくは仕事の上で役に立ちそうなコンタクトを作っておきたいからアプローチする、そういう関係でしょう？

わたくしどもは、見返りを期待して何かを差し出す、という考え方は下賤だと教育されてきました。**この人を知っておけば何かのときに役に立つから、と誰かにアプローチする、そういう露骨な上昇志向はエレガントと相反するものだと**

思うのです。社交の目的？　そんなのありません。この一期一会を楽しむという、それだけですわ。

あら、何かしら、その目。その割には、個人的な付き合いがビジネスに繋がっていることも多いように感じる、ですって？　まぁ確かに、そういう出会いの中で、偶然からビジネスの縁が生じることも多々ありますが、それは、相手をよく知っていて、この人なら、という信頼関係があるから、仕事を紹介した、ビジネスチャンスを提供した、という、そういう流れで生まれた縁であって、はじめから計算があったわけではありません。

そしてピストン！　貴族層はピストンが多いのでは、ですって？　あなた、夢でも見てらっしゃるの？　今時、貴族層がビジネスや政治の世界で影響力など持っていないことくらい、おわかりでしょう。これも、先ほど言ったことと同じで、幼いころから知っている友人の子息にぴったりなポストがあれば、こちらから、紹介して差し上げましょうか、とオファーすることもある、それだけです。あら、納得されていないようね。少なくとも、わたくしたちは自分の子どもにピストンをしたことはありません。

自分で道を切り開かずして、どうやって誇りを持って生きていけるというのですか。

甥っ子の間違いは、まず、夫に会社関係の人に紹介してもらいたい、と依頼してきたこと。それもメールで、というのがダブル・ミステイク。

あたかも挨拶メールのような書き出しで、珍しい、そして長いと思って読んでいると、要は、「誰々に口を利いて欲しいというではないか、品格も何にもない」と夫も呆れていましたよ。

もし紹介してもらいたいのであれば、メールなどではなく、手紙で、「仕事のことで、お目にかかって聞きたいことがある」と、まず面会を打診する、そして夫に会って説明する時間をもらえたのなら、その際、自分は最近こういう仕事に携わっていて、今後はこうしたいと考えている、と自分という人間をきちんと見てもらう。そして夫が自分を理解し評価しているという手応えを感じたら、そこで初めて紹介を依頼すべきです。ステップが多い、ですって？　それはそうです。そういう段取りを全部端折るとは貴族の風上に置けません。

返事はどうしたかって？　甥っ子をクラブ（パリに点在する会員制紳士クラブのこと）に呼び出して活を入れたそうですよ。

「貴様も貴族の末裔なのに、頼みごとをするなど、プライドはどこにいったんだ！　そして、頼むなら、もっと覚悟を決めて依頼に来なさい！」

とね。甥っ子は、「別にそんな大したことを頼んだつもりはなかった。もし叔父さんが誰かツテになる人を知ってたら紹介して、っていうそれだけだったのに」と、まだわかっていなかったようで、それも夫を落胆させたようですよ。

自分では「別に大したことじゃないし、ねえ、いいでしょう?」と思っていても、相手はどう受け取るかわかりません。そもそも、大したことでないのなら、頼まないという選択をするほうが潔い気持ちになれますよ。

とにかく、気軽に頼みごとはしない、これに尽きます!

＊

つまり、露骨に、ダイレクトに頼むのは無粋とされる、ということ。

「行間を読む」「察する」「言い含める」……時間と手間をかけて、アプローチするのであれば、頼みごとも受け入れられるときがある、そういうことなのでしょう。

エレガントな人というのは、こういう手間がかかるステップを面倒だと思わずに、一歩一歩踏める人でもあるのです。

LEÇON 6

人付き合いは、必要以上に踏み込まず、距離感を保つ

育ちのよさやエレガントさとは、装いや住まいなどよりも、実は人との付き合い方で違いが出るものなのかもしれません。

人付き合いって、難しいものですよね。私も、前述のコンテスの甥っ子のような間違いをしかねないタイプです。若いころは、人に対して興味津々で、躊躇せずに話しかけて、相手のことをもっと知ろうとしたものです。その結果、嫌われたり、つけ込まれたりと、自分が予想しているのとは異なった反応が返ってきて困惑することもありました。今省みると、すべて自業自得。

のちに、コンテスたちの会話での間の取り方、距離の保ち方、そして縮め方から、人にはそれぞれ付き合い方のルールがあるということを学んだときに、過去の自分がなんと不躾だったのかがわかった次第です。

コンテスたちは、「弱みを見せない」という点においても徹底しています。

私などは、花粉症でヒーヒー言っているときは、人に会えば「目がかゆくて、ひどい顔でしょう?」と、元からひどいことを脇に置いて、自分のつらさを訴えてしまうのですが、コンテスたちは違います。

「お久しぶり、いかがお過ごしでしたか」

と聞かれれば、たとえ体調を壊していても、ゴタゴタに巻き込まれている真っ最中でも、胸を張り、鼻高々に、

「Tout《トゥ》 va《ヴァ》 bien《ビアン》(順風満帆よ)」

というポーズを崩しません。

愚痴はみっともない、そして、下手に弱点を見せると、つけ込まれる、というのが理由です。

結婚当初は、このスタンスがよくわからず、「ご機嫌いかが」と問い、「ええ、絶好調ですの」と応えられたら、「まあ、よいことがございましたのね? 何々?」と興味を示すのが礼儀だと勘違いしていたのですが、これは野次馬根性むき出しと受け取られるよう。

正しい受け止め方は、「まあ、それはそれは」と応えるだけ。

さらに「まあ、それはそれは」と微笑んだあとは、しばし口をつぐむ→しばらく間がある→この間に相手のほうは私がどういう人か見極め、少し気持ちを整えたりす

る→そしてようやく、「実はね」と胸の内を少しだけ共有してみようか、と思ってもらえる……。

こういった微細かつ巧みな交流を重ね、お互いの人となりがわかってきて初めて、少しずつ個人的な関係へと移行するのです。何かと時間がかかりますが、慌てず、マイペースで、というのも、品のよい人であるための条件なのでしょう。

では、義母カトリーヌから「育ちのいい人たちの自衛する人付き合い術」をリストアップしてもらいましたので、見てみましょう。

陰口は言わない

これは普遍的な良識とも言えますが、育ちのよさを象徴する姿勢です。

人間ですから、お付き合いの上でストレスが生まれることはやむを得ません。そのことを誰かに話して理解してもらいたい、という気持ちもわかります。でもそういうときは、「あの方に、少し困っていてね」と漏らす、それだけでよいのではないでしょうか。良識ある聞き手であれば、そこで、相手の疲弊した気持ちをしっかり受け止めて、同情の意を示してくれるでしょう。でもそこでストップすることが大事です。

それなのに、エスカレートして当該の方の人格批判にまで発展してしまってはダメですよ。どんなに上品を気取っている方でも、その時点でエレガンス失格となります。

つい調子に乗って、言い過ぎてしまう気持ちはわかります。あっという間に脱線してしまう、というのは人の常です。だからこそ、気心知れたご友人とのガールズ・トークであったとしても、こういう間違いを犯さないよう、常に自分の心を制する努力を忘れないでください。

聞き手も、話し手が調子に乗らないように、諭して差し上げてね。少し聞いてあげて、そのあとは、別の話題に移るように配慮して差し上げるのも、友情だと思いますよ。

お金の貸し借りは×

言わずもがな、なのですが念のため。親しい間柄でも、お金を借りるのはやめましょう。お金の貸し借りは関係をゆがませる結果になりがちです。

少額ならいいかな、と思われるのであれば、逆に、なくてもなんとかなるはず。いや、どうしても借りなくてはならない、というのであれば、少額であっても、そして相手が親しい友でも家族でも、借り入れ書の代わりに、借り入れメールを送るくらいのけじめをつけたほうが、返し忘れがなくてよいかもしれません。

また、お金を貸すほうも、できるだけ貸さないで済むほうに会話を持っていったほうが得策だと思います。どうしても貸さざるを得ないときは、貸すのではなく、あげる覚悟でお金を渡してください。

「えっ、そんな！」と思われるのであれば、貸さないほうがよし。

感情の軌跡は残さない

人と付き合っていれば、いろいろな感情を抱くことがあります。怒り、熱狂、不満、ののしり、嫌悪、陶酔……そういう気持ちを親しい人に伝えたいと思うこともあるでしょう。でもこういった感情を文章には残さないほうが得策ですよ。どれも、あとで言質を取られたときに、言い訳ができないですからね。

ラブレターですって？　一番危険ですよ。わたくしは、何十年も前に夫からもらった手紙をいつもバッグに入れていますの。彼と口論になって言い負かされそうになると、その手紙を読むのです。すると夫は、

「ああ、わかったわかった。君の好きなようにしなさい」

と逆転しますのよ。オーホッホッホ。

嘘は難しい

人と信頼関係を築くために気をつけることはなんでしょう。

それは、「嘘はつかないこと」に限ります。人間正直であるべきだから、という正論からそう言うのではなりません。

なぜかというと、嘘をつくのは難しいのです。

完全犯罪が非常に難しいように、嘘も、完璧に固めることは不可能に近いもの。一度嘘を言ってしまったら、それを立証するために、別の嘘をつき、そしてまた、と嘘を重ねる羽目に陥ります。でもね、人間たるもの矛盾だらけです。言っていることとやっていることに整合性がない、なんて、しょっちゅうでしょう？

ここは嘘でしのいだほうが得策だ、と思っていても、あとで、

「あの方、あんなこと言っていたけど、辻褄が合わないわ」

と、嘘は必ず露呈するもの。そのとき、あなたの信頼度はがた落ちになります。

とはいえ、嘘も方便と言うように、時には嘘を使ったほうがよいようなときもありますわね？

そういうときは、頭を使うのです。

「嘘をつかない」の反対は、必ずしも「真実を言う」ではないでしょ？

あら、そんな顔して。

たとえばお世辞。あれも思っていないことを言うので嘘をついているのと同じことです。そういうお世辞を言う人とは、信頼してお付き合いなどできません。でも、相手の本当によい点を探して、それを褒めるのであれば嘘にはなりません。たとえば子豚のようにピチピチと太っている人に、「スタイルがよい」とお世辞を言うのは白々しい嘘となりますが、「あなたは美肌ね、羨ましいわ」というのは褒め言葉となる、そういうことです。

よいですか、嘘をついていると、嘘つきの顔になりますからね。美しくありたいのでしたら、真摯であることを心がけてくださいね！

✻

このように慎重、真摯、かつ賢い会話術をマスターしているコンテスたち。そこまで気をつけておしゃべりするのも疲れるのではないか、と思うのですが、

「いやいや、用心に越したことはない」

というのがこのクラスの方たちの考え方です。

なぜなら、P245で前述したように、フランス人は嫉妬深いから、だと言います。

「下手なことを言って、危険な注目を引いたら困りますでしょ？　フランス革命以来、『みな平等』精神に固執する現代のフランス。『みな平等』なんて、人類の間で存在し得ないというのにね。存在しない平等を既得権だと勘違いしているがため、自分が持たないものを持つ人すべてに嫉妬する、これがフランス人なのです。今の時代、貴族層が持っているものと言ったって、なんにも役に立たない爵位であったり、堅苦しい伝統や価値観だったり、それだけなんですけどね」

とコンテスたちの歎きは続きます。

それならば、日本人のように、「いやあ貧乏暇なしで……」とか「うちのでき損ないが……」といったへりくだった会話術も取り入れて、丸く収めればよいのですが、コンテスたちは誇り高き貴族。そういうことはしません。

余計な言葉を重ねることなく、自分については口数を少なくし、聞き役に回る。そして口を開くときは、声高々に威厳を持って発言するのです。

かくのごとく、警戒心が高く、丁寧なプロセスを重んじる貴族層ですから、フェイスブックやSNSで、友人に向け、一気に近況報告をしてつながろうとする人が少ないことは自ずと推し量られることでしょう。

一度、持論が多い叔母エステルに、ブログにそれを書いてシェアしたらよいのに、とすすめたら、

「自分の思うところを不特定多数の方の目にさらさなくてはいけない理由がわからないわ」

と真っ向から拒否されました。

発信することも大切な自己表現だと思うのですが、ま、人それぞれ、ですからね。

CHAPITRE 4

L'âme et l'esprit 毎日を上質に過ごすためのルール

COMTESSE CAFÉ

堂々と、自然体でいることこそ、エレガント

みなさんは「ベーズマン（直訳で「手にキス」）」というものをご存じでしょうか。ほら、欧州中世を舞台とした映画などで、騎士が女王様の足元にひざまずいて、女王様の手の甲にさらっとキスをする、アレのことです。ふだんのフランス生活の中では、こういう挨拶をする姿を見ることはめったにないのですが、貴族階級ではいまだにベーズマンが慣習として残っています。

男子は13、14歳を過ぎたころから、大人の男性として、このベーズマンにて女性に挨拶をすることを期待されます。ベーズマン、実際には、手の甲にキスするかのように、頭を下げるだけです。このとき、お辞儀文化から来た私は、ついつい一緒に頭を垂れてしまうのですが、これはエレガントではありません。女性は、自然体で、直立したままが正解です。そして目礼でその敬愛を認めるだけでよし。

なぜこんなことを話すかというと、日本の慣習では、謙譲する気持ちを積極的に表現することが礼儀である、と教育されているところがあると思うのです。相手に頭を下げられたら、「滅相もない」とこちらはより深く身体を折らなくては、

とそんな気持ちが働いてしまう。とくに女性たるもの、控えめであれ、と刷り込まれてはいませんか。

でも、これはフランス、それも貴族層においては、必ずしもよくは取られません。少なくともエレガントには映らないでしょう。先ほどの、「ベーズマンは堂々と」、のついでに申し上げると、女性は、着席中に男性が挨拶に来られた場合などは、立ち上がることなく、座ったまま応対するというのが正解です。ただ、自分が相手よりも明らかに若いと思われるときは、起立してご挨拶に応じます。

会話も同様で、「謙譲」よりも、「自然体」が大切です。相手を立てることもたまにはしますが、そこに労力を使う必要はありません。賞賛の言葉が自然に口から出てくるのであれば、それを相手の方へお伝えするのもよいと思いますが、そうでなければ、無理してお世辞を絞り出す必要はありません。また自分の功績についても、「大したことはしていないのですが」などと、へりくだる必要はなし。あなたが尽力して成し遂げたことに関しては、等身大に説明したほうが聞き手も気持ちよいものです。そして賛辞を贈られたら、素直に「メルシー」と受け入れる。変に謙遜するより、シンプル・イズ・エレガント、なのです。

LEÇON 7

時には机に向かい、思いを手書きで伝える

ある日、義母カトリーヌが、携帯電話を見ながら、目を回していました。何かよくない知らせがあったのかと思い、聞いてみると、

「いえ、シャルロットからのメールに呆れただけです。

『お祖母さま、今、バレエのチケットが同封された✉（手紙）を受け取りました。

メルシー・ボクー（*^_^*）すごく楽しみです♡』ですって。

いくら世代ギャップがあるとはいえ、わたくし、火星人でもエイリアンでもありませんのよ。

人間なら、人間の言語でコミュニケーションを取りたいわ。

それなのに、この絵文字やスタンプはなんなのかしら。

これでは、人間退化していくばかりです。

絵文字なんて、象形文字以前の、太古に戻るつもり？

もっと正確にコミュニケーションが取れるように、文字が生まれたのではなくって？

そして、御礼くらい手書きでしていただきたいわ」

とまあ、手厳しく批判します。

シャルロットは、カトリーヌの孫で、いまだ高校生です。

そう、フランスでも、若年層をはじめとして、絵文字、スタンプ、略語は大氾濫しています。

かく言う私も、スタンプや絵文字は便利で好きではあります。ただ、さすがにこの年齢でスマイルマークや絵文字はどうかと思うので、コンテスたちや、初めてメールをする相手には控えるようにしています。よって、その点は合格のよう。でも、家族間なのに手書きの御礼状というのは、さすがにちょっとメンドクサイ。

先ほどの義父と甥の話でも手紙云々という話が出ましたが（Ｐ２８０参照）、それというのも、フランスは手書きにこだわる国なのです。小学校のフランス語の授業は書写が多く、筆記体で美しい字を書くことを訓練させられます。求職の際も、志望動機の文書は手書きを求められます。これは筆跡から性格鑑定するためだそう。私のような悪筆はどう診断されるのか、想像するだけでもぞっとします。

ましてや、貴族の人たちに手紙を出すとなれば、なおさらです。

ところが、カトリーヌは鼻息荒く言います。

「悪筆なんて気にされなくてもよいのです。

そういうことではなく、人間らしいやり取りをしたい、という、それだけです。

気持ちを込めて筆を執り、手紙をしたため、チケットを同封して郵便で送ったのに、御礼が電子メールや携帯メッセージでは味気ないではないですか。

そして文字ではなくて、絵文字で感謝を表されても、シャルロットの気持ちは伝わってきません。絵文字とやらはクリックするだけで簡単なのでしょうが、そんな簡易礼状など、嬉しくもなんともありません。

わたくしは、机の引き出しに当家のヘッダーを刻印した便せんとカード、封筒、そして切手を常備しておりますの。

そうしておけば、「あの方、どうされているだろう」と思ったら、サラサラと便せんに万年筆を走らせて、即投函できますでしょ？

贈り物を受け取ったなら、カードに感謝の気持ちを短く記し、封筒に入れて、これも即投函。御礼状は善意を受け取った24時間以内に投函しなくてはだらしないと思われますからね。

それにしても最近、私信はメールがほとんどで、郵便といえば請求書ばかり。

昔は、郵便屋さんが家を通るときを待ち遠しく待っていたものです。そして各家庭が郵便配達の人の名前を知っていたものでした。大切な手紙を運んでくれる人ですもの。ノエルには感謝の気持ちを込めてプレゼントを渡すなど、そういう次元から人と人とのつながりがあったものです。

人が運んでくれた、人の手による、そして人間が生み育んだ言語で書かれた手紙。

そんな手紙のぬくもりが懐かしいわ」

カトリーヌの歎きを聞いていると、確かに納得する部分もあり、さらに、なんだか久しぶりに手紙を書いてみたくなりました。

そこで、ある午後、思い切って便せんに向き合ってみることにしました。

ハードル低く、まずは私の悪筆を知っている旧友宛てに、手紙をしたためることにしたのです。

「メールのノリで書けばいいや」と軽い気持ちでペンを走らせたのですが、それが不思議なことに、いつになく上等な自分が前に出てくること！

いつもは、汗かきスマイリーのスタンプで表現していた焦った気持ちや、Vサインのスタンプで代用していた達成感なども、言葉を探しながら、筆を滑らす。

内容は、彼女とのメールのやり取りで毎度お馴染みの「私ってダメなんだよねシリーズ」です。軽いノリで書き始めたというのに、書き終えた手紙を読み返せば、自分への洞察がいっぱいの、ちょっとした私小説風。

手書きだからこそわいてくる自分の感情に、そして、いつもは絵文字・スタンプでごまかしていた自分の本心に驚いた手紙書きの小一時間となり。

自分と向き合う、とてもプライベートなひと時を過ごすことができたのでした。

CHAPITRE 4

L'âme et l'esprit 毎日を上質に過ごすためのルール

LEÇON 8

つねに完璧を目指さず、エレガントに手を抜く

子どものころから義母カトリーヌの教えを受けてきた義姉のアンクレールについて、私は、長いことエレガントで完璧な女性だと思っていました。

彼女は、フルタイムで仕事をしていて、4人の子どもがいます。それなのに、夜はしょっちゅう社交ディナーを主催しているようですし、いつ訪ねて行っても、自宅はインテリア雑誌のグラビア・ページのような美しさ。その上、ご本人は、いつも眉目麗しくエレガントときています。もしかしたら魔女だったりして、とくだらないことを考えてしまうほどのパーフェクトぶりなのです。

それが、ある日のこと、実は彼女も普通の人だったということが判明し、少しほっとしました。そして、エレガントであるために、時に効率的に生活を回しているということも、わかったのでした。

先日、アンクレールの娘、シャルロットのデビュタントのお祝いに招かれたときの

ことです。シャルロットは大の和食好きで、アミューズの一品をと所望され、にわか板前と化した私、アンクレールのキュイジーヌを借りて仕上げることにしました。テーブルにつくときまで冷やしておきたいものがあり、冷凍庫を使いたいと頼むと、「あら、その大きさなら、こっちの冷凍庫のほうがいいわね」と洗濯機が置いてあるパントリーに案内されました。冷凍庫が2台？　と驚きながら、ついていくと、そこにはコンビニのアイスを入れるような、大きな冷凍庫が！

そして中を開けてさらにびっくり。冷凍ピザ、冷凍キッシュ、鴨のコンフィ、エトセトラ。副菜となるポテト物は、ドルフィノアと呼ばれるコロッケ風、グラタン……何でもござれです。冷凍食材も、人参、ズッキーニ、ナスの輪切り、インゲン豆、ほうれん草、アーティチョーク・ハート、ステーキ肉、ソーセージ、鮭、鱈のフィレなどなど、あとは焼いたらでき上がり、という状態で凍っています。

膨大な品ぞろえに、私が唖然としているのを、アンクレールは感心していると受け取ったのか、

「いいでしょう？　この冷凍庫。これがあるおかげで、あとはマルシェでサラダ類を買えば、1週間もつのよ」

と満足げです。失礼承知で、

「お料理好きだと思っていたわ」

と言うと、若干憮然として表情で、

「そうよ。お料理は大好き。でも週日、夜7時、8時に帰ってきて、『美味しい手料理』なんて無理無理。それに疲れている時に作っても、ちっとも楽しくないでしょう？　まあ、日本では、ワーキングママは週末に作り置きするの？　そんなことしていたら、いつ休むというの？」

と、逆に質問されてしまいました。

これは共働きが主流のフランスでは一般的な食生活だということは知っていましたが、良妻賢母のモデルのようなアンクレールもそうだとは。意外だったので、もう少し話を聞いてみました。

すべてに完璧を求めることは無理！

そうね、週末やディナーを催すときは料理を楽しむけれど、週日はこの冷凍庫というレストランの料理を楽しんでいるわ。今の冷凍食品は下手するとフレッシュなものより美味しいの。

え？　でき合いのお料理を出すことに罪悪感はないか、ですって？

そうねぇ、まるっきりないと言ったら嘘になるけれど限りなくゼロに近いわね。

夫と子どもから文句？　そんなこと一度もないです。夫も、自分ができないことを私に求めるような理不尽なことは言わないし、言わせないわ。子どもたちにも、そういう発言を許容するような教育はしていません！

でもね、私も、ジレンマはあるの。長女でしょ。子どものころから弟たちの面倒を見てきたこともあって、母性は強いタイプ。子どもはたくさん欲しいし、面倒も見てあげたい。家事だって嫌いじゃないし、料理するのは大好き。

その一方で、職場でも頼られているところがあるし、社会とのつながりを持ち続けたいじゃない？　現代のフランスにおいて、専業主婦はあまり認められていないしね。それは私のプライドが許さないというのもあるのよ。

ただね、全部に完璧を求めることは無理だということは、早い時期に学んだの。シャルロットを産んだあとの、初めての職場復帰の際に、頑張りすぎてダウンしてしまってね。見舞いに来てくれた母が、ベッドで身体を起こした私の乱れた髪を優しくとかしながら、

「欲張るからいけないのよ。あれもこれも完璧に欲しいだなんて、ある意味傲慢です。髪を振り乱して走り回って、何が完璧だというの。気品を忘れてはいけませんよ」

と私を諭してね。あのときは、「はい、お母さま、おっしゃる通りです」と涙を

流しながら反省したわ。

え？　母からの援助？　あなた、うちの母が、おむつ替えたり、子守などすると思う？　「ヌヌ（乳母）付きなら、見てあげます」なんて言うから、それなら結構です、と遠慮したわ。学校が休みのとき、パピーマミー（フランス語でおじいちゃん、おばあちゃんの意味）が子守に駆り出されている姿をよく見るけれど、私たち貴族層ではああいう姿は見られないわね。お祖父さま、お祖母さまは威厳ある存在ですからね、母も孫とは一定の距離を保ちたいのでしょう。

母から活を入れられて、そこで私も冷静さを取り戻し、そしてよく考えて、これは取捨選択をするしかないんだな、とわかったの。

私が取った決断は、まず子どもたちが幼い間は、仕事は2／3の時短勤務にすること。今はもう手がかからなくなったのでフルタイムに戻したけれどね。

そして、毎日の掃除と子どもの世話は家政婦さんに任せ、夫婦の食事はでき合いのものでもよしとすることを決意したわけ。今でも週日は子どもたちと会うのは朝の出勤・通学前だけよ。

え？　子どもは寂しくないのだろうか？って？

そうね、あなたの心配ももっとも。私自身も、乳母や家政婦に育てられて、子どものころ、確かに寂しいと思うときもあったわ。だから、初めて子どもを持ったときには、ああいう寂しさを子どもに味わわせないように、もっとハンズオンで育てるわ、と意気込んでいたわけ。

でも、今は違う。自分本位だと言われるかもしれないけれど、あの寂しさというのも、大切な経験だったのでは、と思うことがあるのよ。ほら、寂しさを知って、初めて見えること、感じることがあるでしょう?

＊

ふむふむ、確かに思いっ切り方針を変えたあたり、自分本位という気もしますが、それがフランス人の悪いところでもあり、よいところでもある。

子どもや職場を優先して自分を苦しい立場に追いやり、耐え忍ぶという生き方も立派ですが、それも悲しいですものね。

それよりも、アンクレールのように、環境を整えることで、「自分」というものを損なわず、かつ時間に追われずに優雅にキャリアを築くという考えも「アリ」ではないでしょうか。

家庭も仕事も、両脇に抱えて何とかしたい、と欲張ってしまいがちですが、諦めるという潔さも大切なんだな、とグレースフルなアンクレールを見て思うのでした。

LEÇON 9

人生を豊かにする いくつもの時間を持つ

平日は仕事との両立を図り、食材の調達や育児を外注するなどして切り盛りしている義姉のアンクレールではありますが、その一方で、彼女は無類の料理好きで、時間と体力が許せば、一日中台所に立っているような人でもあります。

元々お菓子作りが好きで、初めての産休のときは、チャンスとばかりに、料理の名門コルドン・ブルーに通ったという情熱を持っています。今でも、時折バカンスのときなど、子どもたちを義母カトリーヌたちに託して、単身でフランスの地方都市やイタリアに渡り、料理学校に通って腕を磨いているようです。そこまでやるからには、料理の仕事をしたいのかな、と思いきや、

「仕事にしたら、コストや利益を考えなくてはならないでしょう?

そんなストレス、少なくとも今は結構よ。

料理を通して新しい味を学ぶ、生み出すということが好きなだけ」

と至って冷静かつ無欲なのです。最近は科学的に新しい手法で料理をすることを研

究するグループに加わったの、と目を輝かせて話します。

この自分の「好き」と純粋に向き合い、真摯に取り組んでいる時間が、彼女がいつも安定し、エレガントで落ち着いた佇まいを保っている秘訣の一つなのでしょう。

また、アンクレールは、家庭、仕事、料理のほかにピアノも好きで、地元の素人オーケストラに所属するなど、いくつもの世界を持っています。

彼女を見ていると、さまざまな世界を持っているその強さが、余裕を生み出しているのだということも感じます。

なぜなら、ある一つの世界が一時的にギクシャクしたとしても、他の世界から受け取るエネルギーで、ギクシャクした部分を立て直し、バランスを取り戻せるから。

これが、家庭がすべて、子どもがすべて、仕事がすべてだと、うまくいかなくなったときに逃げ場がなくて、大変なストレスに襲われて、自分を見失ってしまうことでしょう。

ここまで読んで、「そんなに好きなものなんて、私にはない、急に見つけるなんて、できない！」、そう思う方もいるかもしれませんね。かつての私もそうでした。

けれども、この章のはじめのほうで触れた、コンテスたちの「一人上手」な様子や、そのほか、アンクレールをはじめ、カトリーヌは庭いじりや模様替え、エステルは美術鑑賞などというふうに、それぞれが好きなものに打ち込む姿を見ていたら、どのように好きなものを探せばいいか、ヒントを得たのです。

どうやら、日々の暮らしを解きほどき、その中に散らばっている自分の感情を見つめてみたら、答えはあるらしい、と。

たとえ毎日、家と会社の往復だけ、子どものお迎えや遊びに出かけるだけだとしても、その間も頭の中はずっとグルグルと回転していますから、考えごとをしたり、ふと昔を顧みたり、何かに想いを馳せたりしているものです。

たとえば、メールを書くことが好きな方は、実は、ものを書くことが好きなのかもしれません。お昼休みはレストランより近くの公園でお弁当を食べるのが好きな方は、実はハイキングなどが好きなのでは？　手作り風のものが好きな方は、洋裁などにトライしてみたらいかがでしょう。社会貢献に興味があるのでしたら、身近なボランティア活動に参加してみたらどうでしょう。

興味のアンテナに従って、いろいろ手を出してみるうちに、自ずと自分自身を掘り下げていけるのではないでしょうか。

ちなみに私の好きなことはというと、ウォーキング、土いじり、読書、そんなところでしょうか。ウォーキングしながら瞑想の世界にトリップしたり、本の世界の主人公に自分を重ね、いろいろと考えたり、庭で無心になって穴を掘り花を植えたり。そういう時間を過ごしたあとは、心の中にある水面が静かに満ちているように感じるのです。

まずはマイペースで、ゆっくりと、そしてこっそりと。

少しずつ、少しずつ、自分なりの楽しみ方で、焦らずにマイワールドを探してみてくださいね。

LEÇON 10

政治や世の中について、学問のススメ

育ちのよい人たちの会話のエチケットとして、宗教、お金、そして政治について話さない、というルールはよく知られるところですが、実はこれ、そんなにタブー視されていません。

「自分は○×教は嫌いだ」とか「今年は税金を○×ユーロ払わされた」とか、「○×党をよろしく頼む」というような個人的なレベルで話さない限りは、この三大タブーも受け入れられています。

中でもコンテスたちがもっとも熱くなるトピックは「政治」です。

フランスは従来、左派である社会党が強い国でした。よって中道右派である共和党支持者が多い貴族層は政治を遠巻きに見ているところがあったそう。それが近年は政治迷走が続き、左・右という仕分けが曖昧になっていて、今後どうなることか不透明ということもあり、貴族層でも政治トピックが会話の中心になっているようです。

政治の話をするときの、コンテスたちをはじめとしたみなの白熱ぶりには圧倒されます。私は特別に政治通ではありませんし、どちらかというと、自分の意見を論理立てて説明するのは苦手、みながワーワー話す中に入り込むのも苦手でした。

そこで昔は、こういった議論のときは、「私は聞き役でいいわ」と黙っていたものです。でもそういう姿勢は奇異に映ったようで、あるとき、エステルに、

「新聞はお読みになるの？　フランスの歴史や政治体制をご存じ？」

と聞かれたのです。

そのときの衝撃ったら！

「私は無知ではないわ。日本教育の歴史や地理のカバー域は広いのよ。『ベルばら』っていう壮大なフランス革命の漫画だってあるんだから！」

と頭にきて、次回はそれなりの発言をしてやる、と意気込んだのでした。

でも、その機会が来たとき、よし、とばかりに口を開いてみたのですが、どの事象についても正確なところがぼやけているので、意見を述べているうちに、はじめの勢いはどこへやら。結局モゴモゴして終わり、みなも苦笑いというお粗末さでした。

それに比べ、コンテスたちの発言の明確なこと！

堂々と声を挙げる姿は、高貴さと知性をかけ合わせた、力強いエレガンスを発しています。

よし、これは頑張るか！と思い立った私。歴史や政治、世界情勢について、論評や

政治経済誌で引用されている書籍などにも目を通し、自分のアンテナに引っかかった事件、スキャンダルについてはそのままにせず、少しネット・リサーチするようにしたのです。

そうすると、今までは左から右へ通り過ぎていた言葉が気になったり、今の政治のどこがおかしいのか、その根本が見え隠れするようになりました。

そしてそれまでは義理で参加していたサロン・トークも、興味を持って積極的に参加するようになりました。フランス語力が劣る私の話でも、こうやって自信を持って話すようになると、コンテスたちも真剣に聞いてくれますし、叔母エステルは、

「あなたは自分の意見を言うとき、目の輝きが違う。素敵よ」

などと褒めるので、赤面させられてしまいます。

また、自分で勉強するようになると、関連する名前やトピックが目に飛び込んでくるもので、それで気づくようになったのですが、コンテスたちの、浜辺のトランザットで横たわりながらふと横に置かれている本や、サロンに置いてある雑誌も、よく見ると『マダム・フィガロ』と一緒に、哲学者による著書や政治経済誌が混ざっているのでした。

それに、コンテスたちがお出かけしたときの話も、よくよく聞けば、単なる社交の集まりばかりではなく、政治や歴史に見識が深い方による講演会にも足繁く通ってい

るよう。博識な彼女らも、まだまだ学びたいという姿勢でいることに驚きとリスペクトを感じました。

十分に教養があり、見識の高いコンテスたちでも、いまだに日々学び、アンテナを広げてようと努めている。

自ら得た知識が、自我を育て、自信を育て、自分を育てるということなのでしょう。

私も知的エレガンスを目指して、さらなる勉強をするとしますか！

LEÇON 11

背すじの「シワ」は胸を張って生きている証

この夏、コンテスたちとブルターニュの海辺を訪れました。そこで気づいたこと。
それは叔母エステルの、背中の「シワ」です。
背骨に沿って、肩甲骨の間をまっしぐらに突き抜けるシワ。一瞬、傷かと思ったほど深いしわなのです。

エステルは還暦前後ですから、シワがあって当たり前なのですが、それにしてもドキッとするほど長く深いこのシワにショックを受けました。彼女がいつものビキニではなく、背中が丸々と開いたワンピースの水着を着ていたから、より目についたのかもしれません。

ところで欧米人は年齢にかかわらず、堂々とビキニや背中の開いた水着を身につけます。コンテスたちも然り。そのため、私が日本で購入したラッシュガードやレギングス姿で海辺に登場したときは、大ブーイングでした。

「宗教的なものだと勘違いされる」

「異様だ！」

「不健康に見える」

と真っ向から批判され、私も弱りましたっけ。

「体型に自信がないし、日焼け予防にもいいので……」

と反論を試みましたが、

「そんなの、自意識過剰です。それにそんなに日焼けを嫌う理由がわかりません。不健康に白い肌など、魅力ゼロです！」

とまあこんな調子。そのときは少々ムッとしました。

自意識過剰？　それを言うなら、それはむしろコンテスたちのほうでは、と。

コンテスたちが、人生を舞台にたとえ、自分たちを主人公において装いや住まいを考えていることはすでに説明した通り。それゆえにエレガンスが生まれているということを理解してはいても、時折「そこまでしなくても」という目で、彼女たちを見ていたのも事実です。

たとえば、歩き方。エレガンス教育のおかげで、義母カトリーヌ、叔母エステル、義姉アンクレール、そしてアンクレールの娘のシャルロットまで、歩くときは、まるでファッションショーのモデルのようなキャットウォークです。ゆったりと、腰をキュッキュッとひねりながら、猫のように、一本線の上に交互につま先を下ろしながら歩くという。片付けで忙しいときなどは、その姿を見て、「ちょっと意識しすぎじゃないの?」と皮肉な笑みを浮かべたことも幾度かあります。

でも、エステルの背中のシワを見た瞬間に、私が抱いていたそんなシニカルな気持ちは、きれいさっぱり消えました。

エステルは、背中にシワが寄るほど胸を張って歩いてきたのです。

どんなときも、背中を丸めることなく、どんなに疲れて落ち込んでいるときでも、天に向かって胸を張って、肩を反らせて、ゆったりと余裕を見せて歩いてきた、その証があのシワなのです。

きっとコンテスたちにとって、一番のオーディエンスは、家族でも、夫でもなく、「自分」なのでしょう。

自分をガッカリさせないように、いつも気を張って生きているのでしょう。

私も、来年の夏は、堂々と、普通の水着を着てみようと思っています。海風を肌で受け止めるのは高校生のとき以来かもしれません。手遅れかもしれませんが、そのときを目指して、今から胸を張って肩を反らせて歩いてみようと思っています。

CHAPITRE 4

L'âme et l'esprit　毎日を上質に過ごすためのルール

LEÇON 12

わたくしはわたくし まねをしない、比較しない

コンテスたちと共に過ごしていると、それぞれ実に個性的に生きていることに圧倒されつつも、そのゆるぎない姿勢に敬意を表さずにはいられません。

日本では、「フランス人は個性を大事にする」という定説が信じられている節がありますが、実際に住んでいると、そんなこともないように感じます。

フランスは移民が多いので、多様な人種、文化があり、パッと見ると、「いろんな人がいる＝個性的だ」と感じるのかもしれませんが、各人種、文化、宗教、クラスの中で見ると、考え方、教育、趣向など、かなり均質化してきていると思うのです。

そんな風潮の中、コンテスたちはといえば、フランスに蔓延しつつある「右へ習え」の流れに逆らうように、ゴーイング・マイ・ウエイです。人のまねなんて、とんでもない。自分自身の誇りが許さないのでしょう。特権がすべて奪われた貴族層ですが、

「伯爵家のわたくしが、他の者のまねをするなんて！
この誇りという精神的な特権は誰にもタッチさせませんわ」

という気負いすら感じます。

たとえば義母カトリーヌは、一見、伝統をひたすら守る没個性タイプに見えますが、いやいや、そんなことはありません。カトリーヌは、貴族の伝統が本当に好きなのです。時折自分でも、「3、4世紀ほど生まれるのが遅かった」と言うほどで、きっと彼女のDNAスパイラルを調べたら貴族的遺伝子が詰まっているに違いありません。

そんな彼女の貴族的考え方は今の時代にはフィットしていないこともたくさんあり、時折周囲の人を唖然とさせていますが、カトリーヌは「わたくしはわたくし」とお構いなしです。これを個性と呼ばずになんと呼ぶのでしょう。

叔母のエステルもカトリーヌとは別方向にゴーイング・マイ・ウエイです。なんと言っても、エステルは若いころに、貴族層ではいまだにタブー視されている離婚にも踏み切った、意志の人。そして、その後も、周りの声を無視してお一人さまを通しています。

「なぜって？　わたくしは家庭的ではないのよ」

とそれ以上は語ることをしません。

「不自由じゃないかって？　家族を持ってこそ正常とされる貴族層で、いつまでも一人者というのは、異端視されますからね。でも、これがわたくしの生き方。外野の声には耳をふさいでいます」

誰のまねでもない、「わたくしの生き方」。さすがエステルです。

義姉のアンクレールも、主婦業に重きを置く女性が多い貴族層の中で、バリバリと仕事をこなしている珍しい存在です。

「子どもの成績が悪いと、『あなたが家にいないから』って、すぐに仕事のせいにされたわ。風当たりはきつかったけれど、でも、私は母のような生き方はできない。伝統も大切だけど、今を生きたい。仕事をすることで社会とのつながりを持つことが私という人間が成長するためには必要なことなの」

と、きっぱり言い切るアンクレール。カトリーヌという、個性が強い母の元に育っても、母親の影響力に呑まれず、自分の道を歩んでいます。

彼女たちは、何か疑問に思ったときは、自分に自問しているのでしょう。

「私の信条に反していないか?」と。

つまりそれは、これは、私らしいか、と。

最後に私の話を少し。

フランス人の夫と出会い、こうして海外で暮らしていると、大変でしょう、と気にかけていただくことが多いのですが、慣れてしまえば大丈夫なもの。

それどころか、時折「なんて楽なんだろう」と思うことすらあります。自分は外国人だから、みなさんと違っていて当然でしょ？と都合よく開き直ることができるのです。そのおかげで周囲の目をあまり気にせずに、自分の心に正直に行動できるという。

例を挙げると、フランスではお辞儀をする習慣がないことはご存じでしょう。でも私はしたい。御礼や挨拶をするときは自然と腰が折れるのです。そんな私を指して「日本人だね」と嘲笑されたり、「威厳に欠ける」とコメントされたり。当初はそういう雑音が嫌で、意識して直立を保ったものでした。

でも、そのうちに気にしなくなりました。私の気持ちがお辞儀したいのなら、そうさせてあげよう、と思うようになったのです。それが日本人だからなのか、威厳がないと人の目に映るのか知らないけれど、私は人様に御礼や挨拶をするときは、頭を下げる、そういう教育を受けた人間なんです、それが何か？と。

こんなふうにたくましくなった今は、私らしい装い、私らしい立ち居振る舞い、私らしい暮らし、それらを、私らしく高めていきたい、いつか、私らしくエレガンスをかもし出せるようになりたい、そう思っているのです。

贈る言葉

最後までお読みくださいまして、ありがとうございました。ここまでコンテスたちの暮らしのエレガンスについて紹介してきましたが、いかがでしたか？

中には、日本の生活文化からすると距離を感じられた箇所もあったかもしれません。

でも、諦めないでくださいね。当書でコンテスたちが伝えようとしているメッセージは、「エレガンスとは、自分の中に宿すものだ」ということです。

コンテスたちは、銀のスプーンを口にくわえ貴族の家に生まれ落ちたから、エレガントに育った……そういうことではないのです。現に、貴族層でも、そして富裕層でも、全くエレガンスを持たないフランス人もたくさんいますからね。

繰り返します。エレガンスは、自分の中に宿すもの、なのです。

一人暮らしの狭いアパートでも、満員電車で通勤する、そんな忙しく過ごす毎日でもエレガンスを宿すことはできると、彼女たちは言っているのです。

「そうですよ、よろしくて。

1日のうちの、5秒だけでもよいので、視線を自分に向けてあげていただきたいのです。

5秒だけ、時を止めてください。そして、目を伏せ、外界の雑音をシャットアウトしてください。

気づくといつもフル回転しているあなたの脳みそを、この5秒の間だけ、スローダウンさせてあげてください。もしかして、オフィスでボスに苦言されて気持ちがささくれ立っているかもしれませんが、そんな感情からも心を解放してあげてください。

そうやって、5秒だけでも、あなたのためだけの時間を作ってあげていただきたいのです。1秒1秒が止まっているように感じる、しんとした静けさの音を耳が捉える、そんな5秒を持ってください。それだけのことでも、きっと、5秒後には、あなたの内にエレガンスが生まれたことを実感できると思います。

そんな『エレガンスの素』を少しずつ心の中に積み上げてください。そして時折、この本でわたくしどもが話したことを思い出してみてください。もし実践してできることがあればトライしてみてください。

きっと、いつの日か、『あら、私ったらエレガンスの真髄がわかってきたみたいだわ』と感じる時が来ると思います。日々の暮らしが愛おしく、自分が内から美しくなっていることを実感する時――その時を目指して、Allez《アレ》 bon《ボン》 courage《クラージュ》（さあ、頑張ってね！）」

以上、コンテスたちを代表し、カトリーヌから、みなさまへの贈る言葉でした。

最後に私からも。コンテスたちを代表して、本書の編集をしてくださったディスカヴァーの大山氏ならびに全スタッフのみなさん、またデザイナーの原田恵都子氏、イラストレーターのよしいちひろ氏に、深く御礼を申し上げます。口喧しい三人娘ならぬ三コンテスの言葉を匠に拾い繋いでいただき、感謝の気持ちで一杯です。

またこの場を借りて、異文化でもサバイブできる順応性と逞しさを授けてくれたわが母へも、ありがとう、と伝えたく。

そ・し・て最後までお付き合いいただいた辛抱強い読者のみなさま、心よりメルシー・ボクー！

感謝を込めて　２０１８年6月　ドメストル美紀

フランス伯爵夫人に学ぶ 美しく、上質に暮らす45のルール

発行日 2018年 6月15日 第1刷
　　　 2018年 7月18日 第2刷

Author ドメストル美紀

Illustrator よしいちひろ
Book Designer 原田恵都子(Harada＋Harada)

Publication 株式会社ディスカヴァー・トゥエンティワン
〒102-0093 東京都千代田区平河町2-16-1 平河町森タワー11F
TEL 03-3237-8321(代表) FAX 03-3237-8323
http://www.d21.co.jp

Publisher 干場弓子
Editor 大山聡子

Marketing Group
Staff 小田孝文 井筒浩 千葉潤子 飯田智樹 佐藤昌幸 谷口奈緒美 古矢薫 蛯原昇
安永智洋 鍋田匠伴 榊原僚 佐竹祐哉 廣内悠理 梅本翔太 田中姫菜 橋本莉奈
川島理 庄司知世 谷中卓 小木曽礼丈 越野志絵良 佐々木玲奈 高橋雛乃

Productive Group
Staff 藤田浩芳 千葉正幸 原典宏 林秀樹 三谷祐一 大竹朝子 堀部直人 林拓馬
塔下太朗 松石悠 木下智尋 渡辺基志

E-Business Group
Staff 松原史与志 中澤泰宏 西川なつか 伊東佑真 牧野類 倉田華

Global & Public Relations Group
Staff 郭迪 田中亜紀 杉田彰子 奥田千晶 李瑋玲 連苑如

Operations & Accounting Group
Staff 山中麻吏 小関勝則 小田木もも 池田望 福永友紀

Assistant Staff
俵敬子 町田加奈子 丸山香織 小林里美 井澤徳子 藤井多穂子 藤井かおり 葛目美枝子
伊藤香 常徳すみ 鈴木洋子 石橋佐知子 伊藤由美 小川弘代 畑野衣見 井上竜之介
斎藤悠人 平井聡一郎 曽我部立樹

Proofreader 文字工房燦光
DTP 朝日メディアインターナショナル株式会社
Printing シナノ印刷株式会社

ISBN978-4-7993-2309-0